歴史文化ライブラリー

158

日中戦争と汪兆銘

小林英夫

吉川弘文館

目次

1　中国人にとっての日中戦争

中国人にとっての日中戦争――プロローグ

歴史をめぐる旅

中国への旅

二〇〇三年春、江蘇《こうそ》省を訪れ中国の上海から南京まで高速道路を突っ走る。上海から蘇州《そしゅう》、無錫《むしゃく》、常州《じょうしゅう》と止まりながら南京へと向かう。同じ早春とはいえ中国東北や華北と比較すると江南の春は緑に溢れている。道路沿いの農家も北方のそれと比較すると豊かなただ住まいを見せている。今から約七〇年前この地を巡って日中両軍が激戦を交えたことなど想像も出来ない変りぶりだ。蘇州、無錫、常州の工業団地を見ると長江沿岸にいずれも位置して多国籍企業が軒を並べ中国工業地帯の心臓部の鼓動を感じ生き生きとしている。

そして南京。ここはかつての国民政府の首都として多くの記念碑を残しながらどっしりとした落ち着きを見せている。孫文《そんぶん》の陵墓の中山陵《ちゅうざんりょう》はその筆頭だし蔣介石や彼の妻の宋《そう》美齢《びれい》をはじめとする国民政府要人が官邸として利用したはなやかな美齢宮もそのひとつだ。煦園《くえん》もかつては孫文が執務した場所として国民政府と深いかかわりをもっている。また革命や政争に敗れた人士が処刑された雨花台も中国政治の裏面を垣間見せてくれる。汪兆銘政権の主要メンバーの多くも漢奸として戦後ここで処刑された。日中戦争さなかに勃発した南京虐殺事件を後世に伝えるための侵華日軍南京大虐殺遇難同胞紀念館や汪兆銘政権の歴史記録を多く保存している第二歴史檔案館《とうあんかん》もここ南京にある。南京は国民政府ゆかりの土地なのである。

中国名門大学の一つ南京大学もこうした大きな歴史の流れと無縁ではない。南京大学の出発は一九〇二年の三江師範学堂にある。その後いくどか名称が変更されたが、二八年五月には国立中央大学となる。日中戦争勃発後の三七年八月同大学は戦禍を避けて重慶に移転し学業を継続する。そして国立中央大学は四九年八月に国立南京大学となり、五二年南京大学として再スタートをきっている。南京大学『百年南大』は日中戦争中の動きに言及していないが、日中戦争下の四一年二月に国立中央大学は、汪兆銘政権の手で復校した。文・理・農・医・薬・法・工・商の八学院、教師六三名、収容可能学生数一〇〇〇名規模である（曾支農博士論文）。この時期ここを卒業した学生がその後どんな扱いを受けたのかは定かではない。戦後もう一度試験を受けて合格したもののみが卒業を認められたというが、これはヒヤリングで得たデーターで確かな資料的裏づけがあるわけではない。

南京大学を訪問しキャンパスを一巡するが、静かな雰囲気も上空を眺めると摩天楼のような高層ビルに取り囲まれているのがわかる。ここにも確実に工業化の嵐が押し寄せているのだ。

かつて七〇年前の日中の衝突は一体何だったのか。我々が再びかつての愚行を繰り返さないためには何が必要なのか。現在の中国の大きな躍進を目の前にして、筆者が一番やりたいことは、一九世紀から現在の工業化の躍進という悠久の中国の長い歴史の中に一度あの日中戦争を落とし込んで見ることなのである。そのためには中国本土の占領という最も強烈なかたちで日本を意識した中国人が戦争中何をしたのか、という問題を究明してみたいのである。具体的には汪兆銘《おうちょうめい》（号は精衛《せいえい》、以下汪兆銘で統一する）を筆頭とする日本占領地に作られた政権がどのような政策を展開したのか、それはどのようなインパクトを中国社会に与えたのか、与えなかったのか、を検証してみたいのである。政権代表者の名を取って本書のタイトルを『日中戦争と汪兆銘』とした所以である。

台湾への旅

台湾の学会に参加したのはそんな問題意識を抱えながら汪兆銘研究を細々と続けていた二〇〇一年一〇月のことだった。台湾中央研究院の黄自進氏の薦めで「辛亥革命九〇周年国際学術討論会」に参加することが出来たからである。この討論会で私は「汪精衛政権と日本占領下の中国」を報告したが、報告そのものもさることながら中国国民党党史館主任の邵銘煌《しょうめいこう》氏と面識を持ち中央党史委員会の資料について情報を得ることができたことが最大の収穫であった。彼は私のセッションのコメンテーターだったのである。「台湾地区汪精衛政権史料與研究（台湾での汪精衛政権史料と研究）」（一九九八年）、「汪精衛政権中日本顧問之聘用（汪兆銘政権内の日本人顧問招請問題）」（一九九六年）、「汪精衛政権参加『大東亜戦争』之経緯（汪兆銘政権の「大東亜戦争」参加の経緯）」

（一九九六年）をはじめ一〇点近い氏の論稿の紹介を受け大いに刺激を受けた。また許育銘氏と面会し、氏の著作『汪兆銘與国民政府（汪兆銘と国民政府）』（一九九九年）をめぐる議論ができたのも大きな収穫だった。一九三〇年代前半の蔣汪合作政権の抗戦に持った意味について一定の評価を行なった許氏の著作について一度著者と直接議論したかったのである。

二〇〇二年一〇月には同じく台湾の温泉地として有名な台北県金山郷の天頼温泉会館で「国民政府廃除不平等条約六〇周年記念講演会」が開催された。この時も私は「汪政権の外交政策と参戦経緯」を報告する機会を得たが、同じセッションで邵銘煌氏も「汪精衛政権與日本的一場政治秀―交接租界・撤消治外法権與廃約（汪兆銘政権と日本の政治―租界引継ぎ、治外法権撤廃と不平等条約破棄）」を発表した。このときも中華民国史の一部としての汪政権論が論議されたのである。私は汪政権発足後の承認国の動向と参戦にともなう租界回収、治外法権撤廃問題を報告し、結局はこれらの法的処置は日本占領地行政の実態を大きく変えることはなかったと結論付けたが、邵氏もほぼ同じ筋書きで同じ結論を述べられた。邵氏の報告は党内部資料を使っている分、筆者より詳しい報告になっているが、論旨の全体的運びは筆者のものと大差はなかった。邵氏から「結論はほぼ同じだが資料的な面で私のほうが詳しい」といわれたときには、納得すると同時に正直言ってほっとした。この講演会には許育銘《きょいくめい》氏も参加されていた。一年ぶりに汪兆銘に関する最近の問題をめぐる議論ができたことも大きな収穫だった。台湾では党史委員会資料を使った実証性の高い研究が近年次々と発表されてきており、改めて台湾での歴史研究の水準の高さを認識すると同時に、これらの文献を駆使するための語学のいっそうのレベルアップの必要性が痛感された旅だった。

アメリカ東部の旅

アメリカ東部での学会参加の途中でバーモント州セントミッシェルカレッジに王克文氏を訪ねた。アメリカにおける汪兆銘研究の現状について意見を交換するためである。ボストンからバスで五時間ブーリングトンへ向かう。二時間ほど走ってホワイトリバーというターミナルで一休みをした他はただひたすら走る。春とはいえ早春のバーモントの高速道路は両側が降り固まった雪で覆われている。ブーリングトンの停留所で彼の姿を発見したときはほっとした。いつの時代でも何歳になっても異国の地で知人に会ったときの安心感は共通である。セントミッシェルカレッジの研究室で、彼の一連の著作を前に議論を重ねる。『汪精衛・国民党・南京政権』（国史館、二〇〇一年）「戦争與和平（戦争と和平）」（『国史館館刊復刊第三十二期』）、“Irreversible Verdict? Historical Assessment of Wang Jingwei in the People's Republic and Taiwan”（*Twentieth-Century China*,Vol28, No.1 November, 2002）などの論稿を基礎に、私が持っている疑問をぶつけるかたちで論議を進める。「なぜ汪兆銘は対日協力に踏み切ったのか」「そのきっかけは何で、最終的にはいつの時期か」「汪兆銘は親日派か知日派か」「不平等条約廃止の意味をどう捉えればいいのか」「陳公博が敗戦直後に日本に亡命した理由は何か」「汪兆銘の演説は上手だったというが、彼の演説の原稿を読んでどんな感じをもつか」などなど。議論は尽きず夜半に及んだが、汪の重慶脱出の謎は本書ではエピソードの類に属するので、プロローグに際し先取りしてあえて汪兆銘試論としてその時の議論を筆者の意見を交えて紹介しておくこととしたい。

史料的な裏づけはないが、汪は何らかの了解か、暗黙の了解を蔣介石から得て重慶を脱出したのではないか、という点である。ハノイに脱出後に何らかの対立が汪・蔣間に生じ、その無言の回答がハノイにいる汪の下への蔣の刺客派遣ではなかったのか。汪に代わって曾仲鳴《そちゆうめい》が暗殺されたというのは偶然であるが、曾がフランス語の使い手だったことが、汪のフランス行きを最終的に断念させ、刺客派遣への汪の回答が上海行きとして現れたのではないか。

一九四一年五月におきたナチスドイツにおけるナンバー・2、副総統ルドルフ・ヘスのイギリス脱出と汪の行動には類似したものがある。単身戦闘機を駆ってイギリス上空へ飛び落下傘降下し敵方の首相チャーチルと会見、和平交渉を試みるも失敗、収監された彼の行動と前述した汪の重慶脱出は二重写しとなって映像が重なり合う。脱出後の相手との交渉過程でヘスの場合はヒットラー、汪の場合は蔣の逆鱗に触れる条件が提示されたに相違ない。その結果両者とも結果としてトップのヒットラー、蔣介石からそれぞれ切られたのではないか。切られた後使い道のないヘスは発狂を装うことを余儀なくされ、汪はフランスへの脱出という常套手段をとれないまま日本の庇護下で和平運動を続けることを余儀なくされたのではないか。

重慶脱出にあたって汪が蔣の了解を得たという資料的裏付けはない。したがってこの筋書きは推論の域を出るものではないが、十分ありうる話である。なぜなら暗黙の了解などということは証拠として残さないのが自然だからだ。そんなものを残すということ自体が作為的ですらある。汪は日記を残していないと思うが、周仏海は克明な日記を残している。これは一級資料として汪兆銘研究者なら誰でも目を通すものだが、それすらも慎重な扱いが必要になる。明らかに後世の史家が読むことを想定して書いていると思われる個所が散見されるからだ。いずれにせよ汪の重慶脱出に関して蔣の了解を取ったか否かに関しては資料的裏づけがあるわけではないが、暗黙の了解で脱出したという可能性が否定できないことを指摘しておこう。

アメリカ西部の旅

二〇〇三年三月ソルトレイクシティーにユタ大学中央アジア・イスラム問題専門家のハカン教授を訪ねイラク問題を論議する。市内のイラン料理店で伝統的イラン料理とお茶を楽しみながらイラク情勢について意見を聞く。三月一七日午後七時のブッシュ大統領のテレビ演説を聞くように、と注意される。七時「ブッシュ大統領、イラクに最後通牒」という文字がテレビ画面に躍る。ユタ大学のキャンパスのガラス窓に貼られていた「平和こそ愛国主義」というステッカーの文字とテレビ画面のテロップが筆者の頭で複雑に絡む。

ブッシュ政権のイラク侵攻が開始されているなかで、改めて平和とそれを探求することの意味の大きさを認識する。ブッシュ政権は、短期間のうちにイラクを制圧しサダムフセイン政権を打倒して新政権を確立し、早急に戦後復興を実現するといっている。仮にそれが実現できてもアラブの反米意識は、いっそうのうねりとなって世界史を塗り替える動きを作るのではないか。現在の米・イラク関係を見ていると、今から半世紀以上前の一九三〇年代の日中関係を彷彿とさせるものがあるように思えてならない。

当時日本と中国は一触即発の緊張状態に置かれていた。満洲事変後の日本の対中強攻策に対して蔣介石と汪兆銘は「一面抵抗・一面交渉」の策を用いて対応した。次々と出される日本側の要求に対して、蔣汪南京政権はあるときは妥協し、またあるときは強攻策に出て時間を稼ぎながら国防強化を策する術にでた。それは、まさに綱渡りそのものだった。

しかしその努力も空しく一九三七年七月に北京郊外で両軍は戦端を開く。圧倒的軍事力を有する日本軍は瞬く間に中国沿岸地域を席巻し、沿岸先進工業地帯を占領下において蔣政権を重慶へと追い込んだ。しかしそこまでだった。体制を立て直した蔣介石軍は英米ソ連を味方につけ巧みな外交政策を展開しながら日本を長期持久戦へと持ち込んだ。短期決戦をもくろんだ日本軍は次第に打つ手を失って新たな打開策を東南アジア侵攻に求め、対米戦争に突入するなかで自らの墓穴を掘っていく。

このとき戦争を避ける道がなかったか、といえば日中双方共にそれはあったというのが当時の現実だった。当時の日本軍のなかにも戦争不拡大派はいたし、中国の国民党のなかにも和平派は存在した。しかし彼等は現実の力を持ち得ないままに歴史の傍流として消えていった。

今日和平と戦争反対が大きな意味を持ってきている中で、改めて彼等の行動が検討される必要が出てきているように思う。それは手放しで和平派の行動を評価するのではなく、誰と手を組んで和平を実現しようとしたかを含めた慎重な配慮が必要なことはいうまでもない。

次に、本論に入る前に、まず汪兆銘についての研究史をふりかえってみたい。

日本で出版された日中戦争関連の書物の多くは日本の軍部や官僚、政財界の動きを中心に論ずることが多いが、ここでは日中戦争で戦場となった中国大陸での動きそのものに焦点をあてる。したがって、日本側の登場者は、いうまでもなく軍部・官僚・政財界人であるが、中国側のそれらは、重慶に立てこもる蔣介石ら、辺区を中心に抗日戦を展開する中国共産党の面々、そして日本占領区に政権を樹立した汪兆銘らである。しかも本書では、日本で出版された他の日中戦争関連の書物と異なり中国側の役者たちを「主」にしてこの戦争と占領地支配を描く。なぜなら、この戦争をしかけたのが日本であり、中国全土を軍靴《ぐんか》のもとに置こうとしたのもこれまた日本であるが、ここではそうした動きを封建帝国から近代国民国家への脱皮・国造りを模索した中国近代史のなかに位置づけたいからである。

中国人にとっての日中戦争

一九一一年の辛亥《しんがい》革命が、中国を近代国民国家へ変身させる烽火《ほうか》となったことは広く知られている。孫文《そんぶん》亡き後、多くの中国人が自称・他称を含めてこの事業を引き継いだが、日中戦争時期に限定すれば、特に蔣介石と汪兆銘が重要であった。汪兆銘は、日中戦争初期の一九三八年一二月に重慶を脱出し、いわゆる「和平運動」を展開、日本の支持のもとで南京に国民政府を還都のかたちで成立させる。彼と彼の政権は傀儡《かいらい》政権、漢奸《かんかん》の名を受け、彼自身は名古屋帝大付属病院で日中戦争の帰趨《きすう》を見ることなく死亡する。蔣介石は、重慶にあって抗日戦争を勝ちぬき救国の英雄として戦後まで生き延び、戦時中から干戈《かんか》を交えていた毛沢東と国共内戦を戦うなかで敗北し台湾へと落ち延びることとなる。

したがって多くの識者は、中国政治主流である蔣介石と毛沢東に光をあて、傍流によどんだ汪兆銘を見る人は少ない。また仮に汪を見る人がいてもそれは彼の主流への復権を主張する論者が多い。本書では結果において傍流に終わった汪兆銘が日中戦争期に何をしたのか、傍流なりに中国政治社会にどんな変化を与えたのかあるいは与えなかったのか、を検討することとしたい。

汪兆銘研究の現状

中国での汪兆銘評価に先鞭《せんべん》をつけたのが胡華《こか》主編『中国革命史講義』（一九六二年）であった。ここでは「汪兆銘の〝和平運動〟」は国民党陣営内の公然たる投降売国運動」であると規定されていた。この見解は中国共産党の公式見解であり、今日まで継続している有力な汪兆銘評価である。その後、中国では南京大学馬列主義教研室汪精衛問題研究組選編『汪精衛集団売国投敵批判資料選編』（一九八一年）、蔡徳金・李恵賢編『汪精衛偽国民政府紀事』（一九八二年）が、台湾では秦孝儀主編『中華民国重要資料初編―対日抗戦時期第六編初編傀儡組織』㈠～㈣（一九八一年）が出版されている。また一九六〇年には汪の側近だった金雄白『同生共死の実体』（池田篤紀訳）、の翻訳が出されている。香港や南京大学から汪兆銘関連の出版物が出されたが、汪兆銘研究に新しい問題を投げかけたのは一九八三年『広角鏡』（香港）に連載された霍実子《かくじつし》論文であった。これは汪兆銘の死亡場所は一般に言われるような名古屋帝国大学付属病院ではなく上海の病院であり、死亡原因も三五年にテロに遭遇したときの古傷ではなく帰国後蔣介石の刺客に盛られた毒薬である、死亡時期も四四年一一月ではなく四二年一〇月だ、という見解だった。霍実子論文に対しては中国における汪兆銘研究の第一人者であった蔡徳金《さいとくきん》氏の適切な反論があるし（「汪精衛死亡の真相」『歴史評論』一九八八年六月）あわせて古厩忠夫《ふるまやただお》氏の八五年前後での汪研究に関する整理が参考になる（「解説：汪精衛政権問題学術討論会に想う」同上）。

しかしこの論争を契機に汪兆銘研究が進行しはじめた。汪偽政権資料選編シリーズとして『汪偽国民政府成立』（一九八四年）、同『汪精衛国民政府〝清郷〟運動』（一九八五年）が出された。李理・夏潮『汪精衛評伝』（一九八八年）が出されたのも一九八〇年代のことである。また八六年には汪政権の「影の実力者」周仏海の行動を知る基本資料である『周仏海日記』が蔡徳金の編注で出版された。

一九九〇年代に入ると、中国での研究成果にあわせて台湾での研究成果も増えはじめ、研究内容も史料発掘の進行と相まって汪兆銘政権内の動きや政権を担った個人の動き、政権中央だけでなく省レベルの動きなど、研究に細分化が見られはじめる。これとともに、汪兆銘の評価も漢奸《かんかん》であるという基本的評価に変化はないが、その中身に多様性が見られはじめるのである。中国では第二歴史檔案館編『汪偽国民政府公報』（一九九一年）、同『汪偽政府行政院会議録』（一九九二年）、南京市檔案館編『審訊汪偽漢奸筆録』上・下（一九九二年）が出され、台湾でも陳木杉《ちんぼくさん》『従函電史料観抗戦時期汪精衛集団治粤梗概』（一九九六年）などが出版されることで汪兆銘研究は急速に進む。また台湾の許育銘『汪兆銘與国民政府』（一九九九年）のように上海事変《シャンハイじへん》後の数年間ではあるが、蔣汪合作時代の国防建設が後の抗戦力強化に連なったという意味で、汪兆銘の行動を条件付きではあるが認める見方も出はじめている。

日本でも戦前から汪兆銘の研究はあるにはあったが、本格化するのは一九九〇年代に入ってからだ。戦前では一九三九年に汪が来日して以降、森田正夫《もりたまさお》『汪兆銘』を筆頭に七冊の本がこの年出版されている。一種のブームを生んだといえよう。四〇年には松山悦三『人間汪兆銘』をはじめ三冊の本が、四一年には安藤徳器《あんどうとくき》編訳『汪精衛自叙伝』など三冊の著作が出版されている。その後四〇年代末から五〇年代半ばまで益井康一《ますいやすいち》『裁かれる汪政権』（一九四八年）、晴気慶胤《はるけよしたね》『謀略の上海』（一九五一年）草野心平《くさのしんぺい》『運命の人』（一九五五年）などが出版されたが、数はさほど多くはなかった。山田辰雄《やまだたつお》『中国国民党左派の研究』（一九八〇年）が出されたのは一九八〇年代のことである。しかし九〇年代以降になると山中徳雄『和平は売国か』（一九九〇年）、杉森久英《すぎもりひさひで》『人われを漢奸と呼ぶ』（一九九八年）、上坂冬子《かみさかふゆこ》『我は苦難の道を行く』（一九九九年）、劉傑《りゅうけつ》『漢奸裁判』（二〇〇〇年）、土屋光芳《つちやみつよし》『汪精衛と民主化の企て』（同上）、古厩忠夫の一連の論稿（『講座近代日本と植民地』、『戦時華中の物資動員と軍票』など）が相ついで出版された。さらに二〇〇一年一〇月にはホテル・ニューオータニで東北アジア歴史研究実行委員会主催の「国際シンポジウム汪兆銘と日本」が開催された。そこでは上坂冬子、山田辰雄、戸部良一《とべりょういち》、高橋久志《たかはしひさし》らの日本人汪兆銘研究者とアメリカ、中国、台湾、韓国からの研究者が一堂に会した討論会が行なわれた。同月学習院大学でも「汪兆銘を考える会」（全国懇談会）が「汪兆銘の遺書の検証と汪兆銘を取り巻く日中戦争の歴史的位置付け」をテーマに研究会を開催した。

他方、汪兆銘研究はアメリカでも行なわれている。ふるくはJohn Hunter Boyleの*China and Japan at War*（1972）とGerald E. Bunkerの*The Peace Conspiracy*（1972）の二つをあげることができる。両者ともにほぼ同じ時期を扱っているが、特にJohn Hunter Boyleの研究は、アメリカにおける汪兆銘研究の古典ともいえるもので、両著者は和平運動の中国側の当事者の一人高宗武《こうそうぶ》に対するインタビュー資料を使いながら、汪兆銘がいかなるプロセスで南京政権を樹立するにいたったかを論じている。今日ほど資料が公開されていなかった段階で丹念にその経過を追った業績は高く評価されよう。また二〇〇一年にはDavid P. Barrett and Larry N. Shyu edt., *Chinese Collaboration with Japan*,（1932-1945）が出され、そのなかで王克文は、ハノイ脱出後の汪兆銘の動きに注目した研究を行なっている。

私の本書執筆の意図は、蔣介石と対抗した汪兆銘の生涯とその政権の活動をたどることで、なぜ彼が日本のコラボレーターとして活動するにいたったのかを検討してみたいと考えた点にある。彼と彼の集団には、日中戦争を終結させ日本と協調した中国国家建設を図ろうという、甘い見通しだといわれようとも彼らなりの状況判断と読みがあったと思われる。しかしその多くは日本との交渉過程で日本軍の意図の前に消滅していった。ここではその消滅していく過程を追いながら、消滅した理由を考えてみることとしたい。もし彼らの意図が日本のサポートと援助のもとでは、はじめから実現不能なものであったとするなら、彼らのこうした状況判断の間違いとその行く末は、現在においても他国の力を借りて自己の課題を実現しようとする政治指導者たちに貴重な教訓を残すことになるのではないか。

私は、まず汪兆銘と蔣介石を対比しつつ汪兆銘の生き方をたどり、日中戦争下の汪政権の行動へと分析の歩をすすめることとしたい。

国民政府の誕生

二人の青春・辛亥革命まで

蔣介石

蔣介石《しょうかいせき》は一八八七年一〇月に浙江《せっこう》省奉化《ほうか》県に生まれている。少年時代、浙江省奉化の鳳麓《ほうろく》学堂や寧波《ニンポー》の箭金学堂で勉学に励むなかで、彼は孫中山（孫文《そんぶん》）の革命運動を支持していた老師から、国家の独立には軍事力が不可欠であることを教えられる。おりしも清朝打倒の革命運動の高揚と出国留学熱の高まりのなかで、蔣介石も日本留学を志す。しかし当時清朝は革命思想が中国の軍隊のなかに広がるのを防ぐため、清朝陸軍部の推薦を受けた者しか日本の陸軍に入れないように協定を締結していた。蔣介石は一九〇六年四月に日本の地を踏むが、自費留学のため入隊は許可されず、秋に妹が結婚するため、日本滞在は半年で終了した。

この一九〇六年に清朝は保定に軍官学校を設立し、翌年夏に最初の学生募集を行なった。一省四〇人に枠のところ浙江省は推薦を除くと一七名の一般公募枠が行なわれたが、蒋はこれに合格した。一九〇七年冬に清朝陸軍部は、日本語クラスに限り推薦で四〇名を日本へ留学させることを決定する。蒋は日本語クラスではないが、日本留学の経験あり、ということで試験に合格し、宿願の日本留学を果たし、〇八年清朝留学生受け入れにのみ設けられた陸軍予備学校の「振武《しんぶ》学校」に入学した。在学中に蒋は、前回の日本留学で義兄弟の契りを結んだ陳其美《ちんきび》（浙江省出身で清末に日本に留学）、黄郛《こうふ》（浙江省出身で振武学校留学）といった面々の影響を受け、彼らの紹介で中国革命同盟会に加盟した。蒋は三年間の学業を終えると、一九一〇年一二月に士官候補生の身分で新潟県高田市の第十三師団野砲兵第十九連隊に実習入隊した。彼が辛亥《しんがい》革命

図１　蒋介石

図2　汪兆銘

勃発の報を陳其美から受け、他の中国人留学生とともに日本を離れ上海に着いたのは一〇月三〇日のことだった。陳其美は滬軍都督に任ぜられ、蔣は黄郛が師長を務める二師の第五団団長となった。

汪兆銘

汪兆銘は一八八三年五月に広東《カントン》省広東の三水に生まれている。蔣より四年だけ年長である。日本への留学も蔣より早い。汪が法政大学速成科の広東省政府官費留学生に採用され日本の地を踏んだのは一九〇三年秋のことだった。孫文がフランスから東京にきたのは汪が東京にいた一九〇五年七月のことで、孫文は八月東京で中国革命同盟会を結成し機関誌『民報』の発刊を決定し、汪にも参加を求めてきた。これに応じた汪は、その後孫文のもとで革命運動に従事することとなり、一一月発刊の『民報』には汪精衛の筆名で「民族的国民」なる一文を発表し宣伝活動の面で頭角を現し、しだいに孫文に重用されるようになった。日本での革命運動に神経を尖《とが》らせた清朝政府は、孫文の国外退去を日本に要求したため〇七年三月孫文は離日、汪も孫文と行動を共にしてハノイ、シンガポールを拠点に同盟会会員の拡大や資金集めに奔走した。汪が南洋華僑《かきょう》と繫がりをもつのはこのころからであり、彼の伴侶となる陳璧君《ちんへきくん》と出会うのもこの時期である。汪は〇九年一月に東京に戻り、黄復生《こうふくせい》、黎仲実《れいちゅうじつ》、喩雲紀《ゆうんき》、曾醒《そせい》、方君瑛《ほうくんえい》、陳璧君《ちんへきくん》らと暗殺団を結成、清朝の大官醇親王載灃《じゅんしんのうさいほう》を狙って香港で爆弾試験をはじめた。一九一〇年一月北京にきた汪らは暗殺の機会を狙ったが発覚、清政府民政部に逮捕され終身禁固刑を受けて監獄へと繫がれた。しかし一一年一〇月の武昌蜂起《ぶしょうほうき》の成功は革命を早め、革命党員の恩赦となり、汪らも一一年一一月六日に釈放される。

国民政府のなかの蔣と汪

辛亥革命から広州国民政府へ

一九一一年に辛亥革命が成功すると、孫文は翌一二年、南京に中華民国臨時政府を樹立し大総統に就任した。清帝退位により清朝は滅びたが、北洋軍閥の巨頭袁世凱《えんせいがい》が力を強め、孫文にかわり袁が大総統に就任した。孫文は一三年には第二革命に失敗し袁に追われて日本に亡命、一四年には中華革命党を組織し日本を中心に反袁運動を継続することとなる。袁は一五年には日本の対華二一ヵ条を受け入れることで中国民衆の怒りを買った。孫文は一七年に広州に軍政府を樹立して大元帥《げんすい》に就任、一九年には中華革命党を中国国民党に改組し二二年には国共合作へと

図3　国民政府常務委員記念撮影

1925年7月，中華民国国民政府が広州で正式に成立．孫文逝去後の1925年6月15日中央政治委員会は大元帥府を改組して国民政府とすることを決定し同年7月1日に広州で成立式典を挙行した．孫文の後継者として胡漢民，汪兆銘が党内で名声があった．なかでも胡漢民は広州で大元帥職，中央政治委員会主席，中央軍事委員会主席を代行し，名望，人脈ともに兼ね備えていたため，孫文の後継者として最有力であった．しかし左派の廖仲愷は汪兆銘を擁護し，軍権を握っていた許崇智も胡漢民に良い感情を持っていなかった．結果として汪兆銘は国民政府主席に選出された．これが汪兆銘と国民政府との関わりの最初であった．6月30日に国民党中央執行委員会は国民政府委員16人の名簿を発表したが，そのなかに蔣介石の名前はみられない．

向かった。彼は、国民党第一回全国大会で「聯蘇《れんそ》・容共《ようきょう》・扶助農工」の三大政策を決定し、北上宣言を発した。翌二五年に孫文は北京で病死するが、彼が逝去《せいきょ》後の二五年七月に広州国民政府が樹立された。

この間、汪兆銘は孫文と行動を共にし、国民党第一回大会では中央執行委員に選出され、孫文なきあとは彼の遺嘱《いしょく》の草稿を書くまでになっていたが、蔣介石の方はといえば、中央委員候補でもなく大会代表にも選出されていなかった。一九二五年七月に中央政治委員会は広州に国民政府を樹立し汪兆銘を主席に選出した。

広州国民政府から武漢国民政府へ

一九二五年七月に国民党内に軍事委員会が成立するが、その主席には汪兆銘が選ばれた。この委員会のメンバーには蔣介石も選出された。二二年六月に孫文の部下の陳炯明《ちんけいめい》が反乱を起こした際いち早く対応してこれを鎮圧した蔣介石は、その軍事的才能を孫文に認められて、二四年に開校された黄埔《こうほ》軍官学校の校長に任命され、しだいに党内で実権を増しはじめたのである。蔣は孫文の死後右派に傾きはじめていたが、二五年八月左派の廖仲愷《りょうちゅうがい》暗殺事件が起こるとこの事件の処理を機に党内での勢力をいっそう強めはじめた。第二回国民党大会は二六年一

図４　軍事委員会成立記念撮影

1925年７月３日に軍事委員会が成立した．胡漢民，許崇智，廖仲愷らとともに蒋介石も委員に選出された．軍事委員会の主席には汪兆銘が選出された．軍事面の掌握を考えていた蒋介石は平委員のポジションに大いに不満をおぼえたが，当面は汪兆銘を孫文の後継者と認めていた．８月30日に国民党左派の廖仲愷暗殺事件がおこるが，この事件では汪兆銘と蒋介石は合同で事に当り，許崇智，胡漢民を排除することになる．

月に広州で開かれている。この大会では汪兆銘が政治報告を、蔣介石が軍事報告を、陳公博《ちんこうはく》が農民運動報告を行ない、孫文の三大政策と遺嘱の実行を確認し三六人の中央執行委員の選出を行なったが、そのなかには汪兆銘、蔣介石、陳公博らの名前が見られた。なお宣伝部長代理に毛沢東が選出されている。その後蔣介石はしだいに党内の右派勢力を結集し党政と軍を掌握しながら汪兆銘らの左派勢力や共産党との対抗を強めていった。二六年三月に蔣介石は戒厳令を公布し広州を封鎖し共産党員を逮捕した（「中山艦事件《ちゅうざんかんじけん》」）。事前に事を知らされていなかった汪は憤慨し、病気療養のためフランスへと向かう。蔣は二六年七月に国民革命軍総司令に就任し北伐《ほくばつ》を開始した。武漢か南昌かをめぐり遷都論争《せんとろんそう》が起こるのは二六年後半のことである。左派は武漢を右派は南昌を主張したが、妥協の結果二七年一月武漢国民政府が成立した。汪兆銘は不在ながら中央常務委員、政治委員に選出された。

武漢国民政府から
南京国民政府へ

武漢国民政府の寿命は半年足らずにすぎなかった。北伐を進めた蔣介石は、南京を占領後の二七年四月に、ここを国都に国民政府を樹立したからである。左派との決別を決意した蔣介石は二七年四月一二日にクーデターを断行し共産党勢力を一掃、英米やそれと繋がる浙江財閥と結んで各地に「清党運動」を展開していった。この間の汪兆銘はといえば、二七年四月に中国へ帰国していた。他方左派の武漢国民党政府も七月には「共産党取締法」を通過させて反共へと転じていた。第一次国共合作は終わったのである。二七年一二月に南京・武漢両派は統一し二八年一月に蔣介石は国民革命軍総司令に復職し、二月の第二回大会四中全会で党を統一し北伐の再開を決定、四月から攻撃を開始した。北伐は五月の済南《さいなん》事件で日本の妨害を受けるが六月には北京を占領、張作霖《ちょうさくりん》は東北へ脱出することで一六年続いた北洋軍閥の支配は終わりを告げ、北伐は基本的に完了した。張作霖は東北へ帰る途中、奉天郊外で関東軍に列車を爆破されて死亡する。跡を嗣いだ息子の張学良《ちょうがくりょう》は一二月「東北易幟《とうほくえきし》」を宣言し、国民党の指導下に入ることを宣言したため、ここに全国統一は完成された。

一九二八年一〇月に国民政府は蔣介石を主席に中央政治会議、五院制をもち、中央銀行が経済の要《かなめ》を担う国家として新しいスタートを切ったのである。

蔣対反蔣連合

蔣介石が党と政府の実権を握ったとはいえ、政府の実態は蔣介石、馮《ひょう》玉祥《ぎょくしょう》、閻錫山《えんしゃくざん》、李宗仁《りそうじん》、張学良の新軍閥各派・五巨頭連合であり、汪兆銘も蔣介石への批判を強めていた。二九年一月に南京で開催された国軍編遣会議では軍閥の国軍編入は地方軍閥の反対で実現せず、国民党内は蔣対反蔣連合の対立のなかで揺れた。蔣は、三一年五月に「中華民国訓政時期約法」を決定し党権が国権に勝るとして自己の独裁の確立に向かって進みはじめた。他の軍閥との対立が深まるなかで、反蔣派は五月に広州に国民政府を樹立した。蔣対反蔣連合の対立が激化した三一年九月に満洲事変が勃発、中国東北はまたたくまに関東軍の占領下におかれることとなった。

内部抗争が日本の侵略を容易にしたという、中国民衆の不満と抗日要求の高まりのなかで、両者は和解し広州国民政府は解消、蔣介石は下野《げや》、林森《りんしん》政府主席、孫科《そんか》行政院長による新政府が誕生した。中央政治常務委員には蔣介石、汪兆銘、胡漢民《こかんみん》が選出されたが、蔣は下野、汪は糖尿病で入院中のため不参加といった弱体政府だった。

南京国民政府と蔣汪合作

蔣介石と汪兆銘という国民党の二枚看板が事実上参加しない政権は無力に等しい。下野した蔣は、三二年一月汪と語らって両者合作の会談に入った。会談の結果、蔣と汪は国民党中央政治会議を開催し、そこで国民政府を改組し汪兆銘を行政院長に、宋子文《そうしぶん》を副院長に決定、当の蔣介石は三月の中央政治会議で軍事委員会委員長と参謀総長を兼任することとなった。

この間も関東軍は三二年一月には錦州《きんしゅう》を占領、上海に戦火を拡大し、三月には東北で「満洲国建国宣言」を発表した。同年二月に汪兆銘は、徐州《じょしゅう》で「一面抵抗、一面交渉」という対日方針を打ち出した。これは前年の七月に蔣介石が明らかにした「安内攘外《あんないじょうがい》」（国内を安定させた後で外敵に向うべし）と同一線上にあり、蔣も汪の方針を支持していた。

しかし日本軍は三二年五月には上海で停戦協定を締結、上海駐留を中国に承認させ、東北では関東軍が熱河《ねっか》省に侵攻した。汪兆銘は、これへの対応をめぐり張学良と確執を生じ三二年末に病気休養を理由に外遊、三三年三月に張学良が熱河省陥落を理由に職を退いたのを機会に帰国し行政院長に復職した。そして五月には汪は蔣の諒解のもとで塘沽《タンクー》停戦協定を締結している。この間国民政府は掃共戦《そうきょうせん》を強化し三四年一一月には瑞金《ずいきん》を占領、これと前後して紅軍は長征を開始する。毛沢東の指導権が確立したのは三五年一月の遵義会議《じゅんぎかいぎ》においてであった。

日本軍の侵攻はいったん小休止したものの三五年には再び強まり六月には河北、チャハル両省への日本軍の浸透を認める梅津《うめづ》・何応欽《かおうきん》、土肥原《どいはら》・秦徳純《しんとくじゅん》協定を締結した。蔣・

汪の対日協調外交に対し軟弱だとする批判が高揚した。三五年一二月中国各地の大学生が反日デモに立ちあがり、三六年一二月には蔣介石が西安の張学良に軟禁される西安《せいあん》事件が勃発《ぼっぱつ》している。三五年八月病気を理由に汪は行政院長を辞任するが蔣介石らの慰留により八月には復職する。汪はこの後三五年一一月の国民党第四回大会六中全会《ろくちゅうぜんかい》開会式で狙撃され、それがもとで一二月には職を辞して翌三六年二月には上海を離れドイツへと治療の旅に出る。彼が再び帰国するのは西安事変後の三七年一月のことであった。

日中全面戦争

日中戦争勃発

盧溝橋事件

一九三七年七月七日、北平《ペーピン》郊外の盧溝橋《ろこうきょう》付近で夜間訓練を実施していた日本軍に何者かが数発の銃弾を撃ち込んだことから、日中両軍の間で小競《こぜ》り合《あ》いがはじまった。当初は小規模な衝突に見えたが、華北をめぐる両国の対立が深まっていた時期だけに大規模な抗争に発展する余地を残していた。蔣介石は七月一二日には盧《ろ》山《ざん》で軍政要員会議を召集し、和戦両用、やむを得ずば一戦との方針を確認し中央軍の北上を命じた。七月一七日には最後の関頭《かんとう》に至らば抗戦あるのみ、との態度を表明し、各国に和平に動いてくれるように要請した。しかし日本が郎坊《ろうぼう》、広安門事件をへて三個師団の増

東京朝日新聞
夕刊
北平郊外で日支兩軍衝突
不法射撃に我軍反撃
廿九軍を武裝解除
疾風の如く龍王廟占據
支那の要請で一時停戰
鹿内准尉戰死す
野地少尉負傷
事件の發端となつた盧溝橋
硝煙の戰線を行く
突如銃を擬し脅迫
凄絶・砲火耳朶を打つ
已むを得ぬ自衛
今井北平駐在武官談
南京政府強硬
宋哲元氏に歸平命令
軍當局強硬
陸軍省へ公電
不法を徹底糺彈
武裝解除を先決とす
我電線を切斷し
行動妨害を企つ
支那側計畫的行爲か
タス通信社長

図５　盧溝橋事件（東京朝日新聞）

盧溝橋事件の発砲者が誰かは定かではない．安井三吉『盧溝橋事件』（研文出版，1993年）によれば，秦郁彦『日中戦争史』（原書房，1979年）は中国国民革命軍第29軍兵士が発砲したという説をとり，井上清・江藤瀋吉編『日中戦争と日中関係』（原書房，1988年）や信夫清三郎『聖断の歴史学』（勁草書房，1992年）は日本側発砲説をとっており，また岡野篤夫『盧溝橋事件』（旺史社，1988年）では中共発砲説をとっているという．遼寧省檔案館編・小林英夫解題『満鉄と盧溝橋事件』（柏書房，1997年）では，誰が発砲したかは不明だが，満鉄・関東軍の関与の可能性を指摘している．

派を決定、七月二八日総攻撃を開始し、二八日北平《ペーピン》、三〇日に天津《テンシン》が日本軍の手に落ちるに及んで、汪は二八日廬山の談話と二九日のラジオ放送で「最後の関頭」と題して、徹底抗戦を呼びかけたのである。八月には戦火が上海に飛び火し一四日国民政府は「自衛抗戦声明書」を発表、戦火は中国全土に拡大していった。

日本軍は短期決戦を想定して三八年五月には徐州占領作戦、八月には武漢占領作戦を展開したが、蔣ら国民党首脳は首都をつぎつぎと奥地に移動させて抗戦を継続し、最後は重《じゅう》慶《けい》に立てこもって抗戦した。

日本軍は三八年の徐州、武漢作戦で二四個師団七〇万の兵力を中国戦線に送ったが、勝機が得られぬままに戦争は長期持久戦へともつれ込んでいった。中国に派遣された兵力に朝鮮、「満洲」駐屯《ちゅうとん》の九個師団を加えると、大陸の日本軍の総兵力は三三個師団に達し、日本に残る兵力はわずかに一個師団のみという危機的状況に陥ったのである。この間現地の日本軍は三七年一二月に中華民国臨時政府を、翌三八年三月には中華民国維新政府をそれぞれ北平と南京に樹立した。

実力の限界を超えた戦争は、日中両国の経済を窮乏化させざるを得ない。総力を軍事に投入した結果、庶民生活は困窮しはじめた。日本では日中戦争直後から「臨時資金調整法」「輸出入品等臨時措置法」により経済統制政策が実施されてきたが、三八年四月には「国家総動員法」が公布されることで、統制の範囲は資金、資材に加えて労働力にまで拡大しいっそう強化された。

華北での日本軍政の協力者たち

日中戦争の勃発と華北での日本軍占領地域の拡大のなかで、日本軍は軍政の手足となる下部機関の組織化に着手している。占領と同時に主要都市を中心に親日派の中国人を中心に治安維持会が結成され、下部行政機構として県公署《けんこうしょ》がつくられた。こうした占領初期の行政機構づくりは、満洲事変直後の関東軍の中国東北占領政策に酷似《こくじ》している。

しかしいざ治安維持会や県公署づくりに取りかかってみても適切な中国人が得られなかったというのが、当時の実状だった。日本の占領行政に協力したものの多くは、歴史的使命を終えた清朝時代の官僚か日本留学組にすぎなかったからで、有能な政治家や官僚は、日本軍政に背を向けていた。たとえば戦争勃発直後に北平につくられた治安維持会の会長には清朝時代の歩軍統領九門提督江朝宗《こうちょうそう》が、天津の治安維持会会長には北京政府時代の内務総長の高凌蔚《こうりょうい》がそれぞれ就任したが、彼らはすでに歴史的使命を終えた人物たちであった。しかも江朝宗の息子は親の七光りで北平市政府の財政処長に就任したが、もっぱら私腹を肥やすことに専念しているという噂であった（曹汝霖《そうじょりん》『一生之回憶』）。

北平や天津といった大都市以外の地方でも状況は似たり寄ったりだった。華北の杉山部隊が作成した『治安工作経験蒐録《しゅうろく》』によれば、朔《さく》県では「有為ノ人材ハ敵と共ニ敗走シタル結果職員ノ素質著《いちじる》シク低劣」であったし、平山《へいざん》県では「県知事何再万《かさいまん》ハ県内土豪ノ出身ニシテ治安維持会副会長ヨリ知事ニ就任セル人物ナルモ行政手腕ナシ」という実状だった。いまひとつ深《しん》県をあげておこう。「官吏以外ノ有力人物ハ北平天津等ニ避難シアル現状ニテ治安維持会ヲ組織シテモ人物ナキ為従テ活動力ナク心細イ感ヲ抱カシメ」る状況である。コメントは不要であろう。日本占領地には有能な対日協力者が少なかったということだ。

中華民国臨時政府

こんな脆弱《ぜいじゃく》な基盤のうえに北支那《しな》方面軍は、一九三七年一二月に王克敏《おうこくびん》を行政委員長に中華民国臨時政府を樹立する。王克敏は清朝時代からの財政官僚で、辛亥《しんがい》革命後は直隷派軍閥政権のもとで中国銀行総裁や財政総長となり、のちに奉天軍閥に転じて政務整理委員会の委員兼財務処主任になった人物だった。政府は議政、行政、司法の三委員会で、議政委員長には湯爾和《とうじわ》、司法委には董康《とうこう》が、また行政委には王克敏が就任し、王のもとで行政、法制、賑済、教育、治安の各部が設けられ実業部総長には王蔭泰《おういんたい》が、賑務部総長には王揖唐《おうゆうとう》が任命された。

またこれと並行して、華北占領地域の民衆教化組織として新民会が結成された。会長は王克敏が就任しなかったため空席、副会長には張燕卿《ちょうえんきょう》、中央指導部長兼監察部長には繆《びゅう》斌《ひん》が就任した。張は元満洲国外交部大臣で初代協和会理事長、繆斌は江蘇《こうそ》省無錫《むしゃく》の生まれ、上海の南洋大学、黄埔軍官学校教官をへて北伐に参加後に渡日、帰国後盧溝橋事件に際し日本擁護を唱えて下野。新民会発足と同時に中央指導部長に就任した。

華中での日本軍政の協力者たち

日本軍は華中でも占領と同時に県公署を設立し行政機構の整備に着手したが、その内容は華北同様に貧弱なものだった。満鉄上海事務所が作成した『宣撫《せんぶ》工作概況』によれば、たとえば浙江省嘉善《かぜん》県の場合、一九三九年九月に県公署が設立されているが、設立前の県自治委員会時代から、委員会内の「派閥ノ暗躍激化セル」状況で「文化部長ハ職務怠慢ナルニ付九日（一九三八年六月―

引用者）付ヲ以テ罷免《ひめん》ス」る状況だった。しかも「自治委員会副委員長葉漢章《ようかんしょう》、秘書孫《そん》仲周《ちゅうしゅう》、経済部長陸斉民《りくさいみん》ノ三名ハ便衣隊（抗日ゲリラ—引用者）ト内通セル嫌疑アリ……警備隊ニ拘留厳重取調」中といったありさまだった。嘉善県が例外なのではなく、日本軍が「県公署全般ニ期待サルルル人物少ナキヲ以テ優秀人物ノ吸収方知事ニ慫慂《しょうよう》中」と嘆いたように、うまくいかない事例の方が一般的だった。

県公署がこうした状況では、それ以下の下部行政機構がうまく治まるはずがなかった。元来、中国の場合県以下のレベルでは自治が発達しており、中央政権が直接県以下を掌握することはなかったが、日本軍は治安の確保を求めて県以下の区、郷、鎮への支配の浸透を図ろうとしたのである。先の『宣撫工作概況』によれば、江蘇省鎮江県の場合「従来ノ区、郷鎮《ごうちん》制ヲ適用シ各区ニ保衛団ヲ設ケ治安維持ニ当ラシメント計画」したが、「保衛団ハ激撃隊等ノ圧迫ニ依リ縮ミ上リテ積極的行動ハ愚《おろ》カ我方ニ情報ノ提供サヘ充分ニ出来ザル」状況で、楊州県の場合「県内九区公署中県公署ノ威令及フハ……五区ニシテ該五区ハ治安行政該《がい》シテ良好ナルモ、以下ノ四区カ敵匪《てきひ》（抗日部隊—引用者）ノ籠絡《ろうらく》中ニアルハ遺憾ニ堪ヘサル」状況だった。こうした状況を変えようとして日本軍は清郷《せいきょう》工作を展開するが、その点については、章を改めて述べる。

中華民国維新政府

こうした華中占領地域の南京に松井石根《まついいわね》大将らの中支那派遣軍首脳の意向で親日政権の中華民国維新政府がつくられたのは予定よりも遅れ一九三八年三月のことであった。日本側は当初国民党の元老の唐紹儀《とうしょうぎ》や直隷派軍閥の領袖《りょうしゅう》呉佩孚《ごはいふ》の引き出しを工作したが相手にされなかった。二番手として日本軍の目にとまったのが梁鴻志《りょうこうし》、陳群《ちんぐん》、温宗尭《おんそうぎょう》の三人だった。三八年二月以降この三人を中心とした政権づくりが急ピッチで進行した。華中での政権づくりが、先行してつくられた華北の中華民国臨時政権との間で正統性をめぐり確執を生みだしたことはいうまでもない。発足直前にあわただしく政府の名称、国旗、国家が決定された（堀井弘一郎「中華民国維新政府の成立過程」上、『中国研究月報』四九一―四）。

三月成立した新政権は行政院、立法院、司法院の三院構成をとり（司法院は創られないままにスタートした）、行政院長には段祺瑞《だんきずい》の部下で段臨時執政のもとで秘書長を務めた福建人の梁鴻志が、立法院長には広東軍政府総裁を歴任した温宗尭が就いた。行政院の下には外交、内政、財政、綏靖、教育、実業、交通、司法行政の八部が置かれ、陳籙《ちんろく》、陳群、陳錦濤《ちんきんとう》、任延道《じんえんどう》、陳群（兼）、王子恵《おうしけい》、梁鴻志（兼）、許修直《きょしゅうちょく》がそれぞれ就任した。温宗堯が長を務める立法院には法制、外交、財政、経済、治安の五つの委員会が設置され、各委員会の委員長には潘承鍔《はんしょうがく》、陳子棠《ちんしとう》、楊景斌《ようけいひん》、張韜《ちょうとう》、黄士龍《こうしりゅう》が就任した。また内政部のもとには江蘇《こうそ》、浙江、安徽《あんき》三省と南京、上海の二つの特別市が設けられた。三省の省長には陳則民《ちんそくみん》、王端闓《おうずいがい》、倪道烺《げいどうろう》が、二市の市長には高冠吾《こうかんご》、傅宗耀《ふそうよう》が任命された。行政院長の梁鴻志が福建出身だったこともあって、政権の主要メンバーには福建人が多かった（維新政府『中華民国維新政府概史』、益井康一『漢奸裁判史』）。

　華中にも民衆教化組織として三八年一月上海に興亜会が結成されている。これは構成員のなかに「不良分子」が多かったので解散になっている。三八年七月には日本軍のバックアップで新たに大民会が結成されている。中日の連携を主な謳《うた》い文句に公表会員一五万を組織して民衆教化活動を展開していった。

日中和平工作

日本軍の北平占領から

どの戦争のストーリーも戦闘と和平工作が縦糸と横糸となってつくられていくが、日中戦争の場合もその例外ではなかった。否、この戦争の場合は、一九三八年以降はむしろ和平工作の方が中心だったといったほうがよいかもしれない。両国ともに軍事的決定打を出せないままに戦争が長期化すれば、逆に和平工作は戦争終結の決定打となる。したがってさまざまな名称の和平工作が、さまざまな役者に役割をふって開戦時から戦争終結まで浮かんでは消え、消えては浮かんだ。

北平《ペーピン》が日本軍に占領された後の一九三七年八月初頭、軍内の穏健派であった軍務課長柴山兼四郎から外務省東亜局長の石射猪太郎《いしいいたろう》をへて、彼の要請で上海に派遣された在華紡績同業会理事長の船津辰一郎は、国民党亜洲《あしゅう》司長の高宗武《こうそうぶ》と接触し和平交渉を開始しようとしている。日本留学組の高と船津はこれまでも親交があったのでこれを糸口に交渉を開始しようとしたのである。しかしこの交渉も、途中で駐華大使川越茂が船津をさえぎって高と交渉をしたり上海事変が勃発したりすることで結局は破綻した。

かわって登場したのが日本の依頼を受けた駐華ドイツ大使トラウトマンによる和平工作だった。七月トラウトマンと会見した蔣はドイツに調停を依頼した。蔣の期待もむなしく九月に開催された国際連盟総会は、日本の侵略反対の決議案を否決、続いて一一月に開催された九ヵ国条約国会議も実効をもたないままに終了した。一二月に北平に中華民国臨時政府ができたことも蔣を強く刺激した。国際舞台や中国との交渉の遅延を見ながら、緒戦《しょせん》の勝利を駆って三八年一月日本の近衛《このえ》政権は「国民政府を対手《あいて》とせず」との声明を発して和平交渉を打ち切った。

一九三八年一月トラウトマン工作を打ち切った後も日本は別の和平工作を模索した。近衛声明は出したものの、決定打を奪えぬまま戦線は拡大しつづけたからである。三八年五月近衛は、内閣を改造し外相を広田弘毅《こうき》から宇垣一成《うがきかずしげ》に代えた。宇垣は就任に際して一月の「国民政府を対手とせず」なる近衛声明にこだわらない旨の発言をして和平交渉のチャンネルをつくり日中交渉を継続した。相手は、中国金融界の実力者で妻は宋家三姉妹の長女の宋靄齢《そうあいれい》、蔣介石の側近中の側近だった孔祥熙《こうしょうき》であった。六月から交渉が開始され、中村豊一香港総領事と孔の秘書だった喬輔三《きょうほさん》との間で会談がもたれている。後述する汪引き出し工作の下地を作った高宗武も汪の意向を受けて六月に訪日していた。しかしこの交渉も日本側が蔣介石の下野にこだわったこと、九月末軍の後押しで対中国政策を監督する機関案（のちの興亜院《こうあいん》）の設立が具体化するなかで宇垣が外務大臣を辞任することでこの交渉はしぼんでいった。

汪兆銘引き出し工作

日本軍は国民党軍の主力を包囲殲滅《せんめつ》し、国民党の戦意を喪失させて和平に持ち込もうと一九三八年五月には徐州作戦、八月には武漢作戦を展開した。しかし国民党軍は巧みに決戦をさけて奥地へと撤退し、南京から武漢そして重慶に首都を移して抗戦を継続したのである。武漢作戦までが日本軍の力の限界だった。日本軍の主力の大半を投入してもなおかつ相手を屈服させることはできなかったのである。

「どこまで続くぬかるみぞ」という歌が歌われたように日本軍の戦闘は、国民党野戦軍を追っての果てしない行軍の連続であった。

三八年一〇月の武漢作戦終了と持久戦化を前後して新しい和平の動きが現れる。こんどは和平というより国民政府内の親日派を誘う分裂工作である。近衛内閣は三八年一一月三日に「東亜新秩序《とうあしんちつじょ》声明」を発する（第二次近衛声明）。この「声明」は、もしも国民政府が中国共産党と袂《たもと》を分かち、抗日政策をやめるならば、共に手をたずさえて「東亜新秩序」を創ろうというものであった。さらに近衛は翌月の一二月二二日に「善隣友好《ぜんりんゆうこう》」「共同防共」「経済提携」を内容とする「近衛三原則」声明を発して国民政府に誘いをかけた（第三次近衛声明）。しかし第一次近衛声明で苦杯をなめていた中国側はこの誘いに乗らなかった。声明が生んだ効果といえば、この声明を信用して応じた国民政府内の反共和平派トップ汪兆銘の重慶脱出と日本陣営への合流だった。

密約と日本の裏切り

汪兆銘の重慶脱出にあたっては、それ以前から日本側と汪側との間で秘密交渉が継続されていた。日本側は特務機関員の影佐禎昭《かげささだあき》大佐と今井武夫中佐の二人で、中国側は船津工作にも登場した高宗武と香港駐在中宣部特派員の梅思平《ばいしへい》だった。この両サイドで秘密交渉が繰り返され、汪の重慶脱出約一ヵ月前の三八年一一月二〇日に合意が成立、両者は「日華協議記録」と「日華諒解事項」を取り交わした。その内容は、日華防共協定の締結、「満洲国」の承認、日本人の中国での活動の自由と日本側の在華治外法権の撤廃、日華経済提携、戦時賠償の放棄、治安回復後二年以内の日本軍の撤兵などであった。日本側が、仮にこうした日中密約を誠実に実行していたとすれば、結果はともあれ、日中間にいまほどの深い傷跡を残すことはなかっただろうし、汪兆銘の評価も違ったものになっていたはずである。

ところが、日本の特務機関との約束を信頼して重慶からハノイに脱出してきた汪に日本側が提示した条件は「日華協議記録」と「日華諒解事項」締結一〇日後の一一月三〇日に開催された御前会議で決定された「日支新関係調整方針」と呼ばれるものであった。その内容は、日本軍の駐屯と日本企業の対中国進出を大幅に認めさせ、日本人顧問に政治を委ねて中国人による中央政府を認めない一方で、いつ日本軍が撤兵するかも明示しないという中国側にとって屈辱的なものであった。これを汪兆銘が呑めば、汪は間違いなく漢奸といわれる可能性を含んでいた。しかもこの「日支新関係調整方針」を裏付けるかのように、三八年一一月には占領地区の経済建設を目的に、華北には北支那開発、華中には中支那振興の二つの国策会社が設立され、日本からの資金が占領地に流入し、日本人の一旗組《ひとはたぐみ》や利権屋、財閥から中小企業にいたる日本企業の対中国進出がはじまった。この年の一二月には政府の対中国政策機関として興亜院が発足した。

汪の重慶脱出と日本陣営への合流

一一月二〇日に合意した「日華協議記録」および「日華協議記録諒解事項」を携え梅思平が重慶に帰還したのは一一月二六日のことだった。汪兆銘、周仏海《しゅうふっかい》、梅思平、陳璧君《ちんへきくん》、陳公博《ちんこうはく》、陶希聖《とうきせい》ら汪派の幹部が集合し、了承を決定したのが一一月二九日。一二月一日梅思平は香港に帰還し高宗武を通じて日本へ汪の重慶脱出予定を知らせた。日本側も「記録」および「諒解事項」に異存なき旨を連絡している。一一月三〇日の御前会議で「日支新関係調整方針」を決定しているにもかかわらず、である。

一二月五日、周仏海が重慶を脱出。一二月一八日汪兆銘が家族と共に重慶を脱出、昆明《こんめい》へ向かった。翌日汪兆銘ら一行は昆明から空路ハノイに向かった。「善隣友好」「共同防共」「経済提携」を内容とした近衛三原則が出されたのは汪がハノイに脱出した後の一二月二二日のことだった。一二月二九日汪は蔣介石と国民党執行委員、監査委員宛に艶電《えんでん》（艶は中国韻書で二九番目の字。中国人は日付をよくこのように漢字で表す）を発表している。これに対して国民党中央執行委員会では、三九年一月一日に汪兆銘の永久除名、一切の職務剥奪を決定した。

ところで一九三八年一二月に重慶からハノイに脱出した汪兆銘を待っていた難事は、日本の約束違反だけではなかった。当初汪兆銘の脱出に呼応して雲南の龍雲《りゅううん》、四川の鄧錫《とうしゃく》侯《こう》らが行動を共にする手はずになっていた。しかし現実には、誰もが汪と行動を共にしなかった。

しかもハノイで翻意を促す使者との面会を拒絶した汪兆銘に対して蔣介石の放ったテロ団が襲撃した。三九年三月二一日、国民党軍統に所属する特務がハノイの隠れ家を襲撃したのである。その際汪は被害を免れたものの部下の曾仲鳴《そちゅうめい》は殺害され、同夫人は重傷を負った。日本政府は、影佐らをハノイに派遣して彼らを安全地帯に避難させる工作を展開しはじめた。汪は暗号名を「荷物」とすることが決定された。四月二五日夜、汪たちはひそかに夜陰にまぎれてハノイを離れハイフォンから小船で洋上に出た。そこでやっとの想いで山下汽船の北光丸に出会いそれに乗り換えた一行は、五月二日に台湾の基隆《キールン》に寄港、五月八日には上海に入港した。

上海の船中で影佐らと汪兆銘らは第一回の会談を行なっている。その席で汪は、①今回重慶を脱出したのは、和平政府をつくり日中和平を実現するためであるから、日本側は近衛三原則を遵守《じゅんしゅ》した行動を取ってもらいたい。②和平政府が樹立されれば軍隊を編成するが、その目的は重慶政府との戦闘や内戦のためではない。重慶政府を和平に転向させるためである。重慶政府との間で和平が成立すれば、汪は目的を達成したものと考えて下野する。③和平政府樹立のため汪は渡日して日本の要人と会談して決意を固める。④政府樹立が決定されれば、形式は還都《かんと》とし、三民主義を採用し青天白日旗《せいてんはくじつき》を国旗として定める、としていた。最後の国旗問題について、周仏海らは、日本の立場を考慮し青天白日旗と五色旗の組合せを考えていたが、汪はこれを強く拒絶したという（『支那事変の回想』）。

上海にいた汪兆銘のもとにはさまざまな分子が群がった。一つは日中戦争勃発《ぼっぱつ》当初、国民党内の対日妥協、和平派である周仏海、梅思平、羅君強《らくんきょう》、陶希聖《とうきせい》、高宗武らを中心につくられた「低調倶楽部」の面々だった。彼らは抗日論を唱えるものを「高調」とみなし、

図6　青天白日旗（毎日新聞社提供）

汪兆銘がこだわったといわれる青天白日旗は，赤い地の上に青天白日を置いたもので，赤・青・白の3色は三民主義を意味し，太陽は中国の夜明けを，地の赤は革命の烽火を意味していた．国民党の党旗であったが，1928年10月北伐を完了した時点で国旗と定められた．1928年12月に張学良が東北3省を国民政府に合流させる東北易幟を発表すると中国東北の町という町に青天白日旗が掲げられ，街は急に華やいだ雰囲気に変わったという．日本の後押しで樹立された政権でも中華民国臨時政府と中華民国維新政府は，いずれも袁世凱政権時代の五色旗（漢・満・蒙・蔵・回の五族を表す赤・黄・青・白・黒の5色）を採用したが，汪兆銘政権は青天白日旗にこだわった（ホイットニー・スミス『世界旗章大図鑑』）．

自らを「低調」と称し、南京西流湾八号の周仏海公館の地下室に集まっては時局談義を重ねていた。二つは「芸文研究会」のメンバーである。「芸文研究会」は蔣介石、汪兆銘両者の許可を得て周仏海、陶希聖を中心に一九三八年一月に発足した。目的は、独立・自主の理論を樹立し、共産主義に対抗し、政府の和戦両用の政策を促進することにあった。主だったメンバーは、李厚微《りこうび》、羅君強、葉溯中《ようさくちゅう》、劉炳藜《りゅうへいれい》、劉百閔《りゅうひゃくびん》らであった。三つは国民党の特務組織ＣＣ派（中統局《ちゅうとう》）の流れを汲む面々だった。丁黙邨《ていもくそん》、李士群《りしぐん》はその中心的人物だった。二人は汪兆銘の身辺警護の私兵として蔣介石らのテロ組織と武を競い合った。彼らの本拠地は上海のジェスフィールド街七十六号におかれていたことから通称「七十六号」と称され、今井武夫の表現を借りれば「新撰組」（『支那事変の回想』）の上海版ともいえる活動を展開、「七十六号」は「魔窟」と呼ばれて恐れられ、軍統（軍統局・国民党特務機関）などの重慶国民政府系と抗争しそのテロの激しさと無法ぶりで人々を恐怖に落としこめた。時にはやり過ぎて、事前了解もなく維新政府職員を無断逮捕、尋問をするなどして梁鴻志《りょうこうし》行政院長を激怒させる一幕もあった。

日本占領下の華北と華中につくられていた中華民国臨時政府と中華民国維新政府の面々

がこれに合流するが、それについては後述する。

周　仏　海

われわれはここで汪兆銘を支えた中心的人物に登場してもらわなければならない。その名は周仏海。汪兆銘が表のリーダーだとすれば、汪亡き後は陳公博《ちんこうはく》が継いだとはいえ、陰でそれを実質的に支え、実質的な後継者として活動した人物こそ、周仏海にほかならなかった。金雄白はその著書『同生共死の実体』のなかで汪政権を評し「実際の権力をあやつっていたのは周仏海」であり、汪政権の「大黒柱」として「汪政権の中で、仏海は最大の実権と実力を握っていた。財政経済はもとより、比較的重大な対日交渉はすべて彼の一身にあつまった」、したがって、汪政権の政務は「必ずすべて仏海と相談した後、実施していた」と述べて、汪兆銘政権は、実質的には「周仏海政権」ともいえることをほのめかしている。

周仏海は一八九七年湖南省に生まれている。一九二一年七月、上海で中共第一回大会が開催された際出席者一三名のなかに留学生代表として周仏海の名前が見える。大会終了後周は鹿児島に帰り二二年に第七高等学校を卒業、河上肇《かわかみはじめ》をしたって京都大学へ進学している。しかしその後共産党から距離をおき国民党への傾斜を深めていく。そうした変化の

図7　周仏海

蔭には退学処分への恐れや指導教官の警告、さらには国民党常務委員で中央宣伝部長だった戴季陶《たいきとう》の働きかけがあった。二四年五月周は、卒業論文の口頭試問を残して帰国、広州で広東《カントン》大学教授を務める一方、戴季陶の秘書としての活動も展開している。二四年九月、共産党を離れた。共産党を離党するにあたっては、当時広州区にいた周恩来《しゅうおんらい》が慰留に努めたという。その後戴季陶の紹介で蔣介石と接触、北伐時には南京陸軍軍学校政治部主任を務めていた。三一年一一月の国民党第四回大会では、中央委員に選出され、三二年には江蘇省政府委員兼教育庁庁長に任命されている。三五年に汪兆銘が襲撃され行政院院長と外交部長兼任を辞任し周と同じ広州人の陳公博らが相次いで辞任すると、陳公博の後を継いで彼は国民党中央党部民衆訓練部長となった。日中戦争後は蔣介石侍従室副主任をへて三八年には宣伝部副部長、部長代理にまでなっている。彼は汪兆銘の重慶脱出と前後して蔣介石のもとを離れ汪の傘下に合流する。

陳　公　博　汪兆銘を支えたもう一人の人物をあげるとすれば陳公博であろう。彼は一八九〇年に広東省に生まれている。北京大学卒業後中国共産党に参加。一九二一年七月上海で中国共産党第一回大会が開かれるが、彼は広東代表として出席している。周仏海も留学生代表で参加しているから両者はここで初顔合わせをしているはずである。しかし周仏海同様その後まもなく陳公博も共産党を離れアメリカ行きを決意し、二一年一一月横浜を経由してアメリカへ向かいコロンビア大学を卒業している。卒論のテーマは「中国における共産主義運動」で二四年一月完成させている。アメリカ留学にあたりその世話をしたのが汪兆銘であり両者のつながりはこれを契機に深まったといわれている。二五年五月に帰国し国民党に入党。国民党中央党部書記長に就任、汪兆銘と廖《りょう》仲愷《ちゅうがい》の指示で「国民政府組織条例」を起草していた。

図8　陳公博

二六年一月の国民党第二回大会で中央執行委員に選出され農民運動報告を行なったことは前述した。人脈的には汪にもっとも近く日本側も「汪直系」と位置づけていた。

汪兆銘政権

汪兆銘政権の誕生

「過ぎたる妥協」

一九三九年五月三一日、汪は周仏海《しゅうふっかい》、梅思平《ばいしへい》、高宗武《こうそうぶ》らと上海から日本の海軍機で追浜へ飛び東京へと向かった。目的は日本政府要人と面談して、汪がつくる占領地政権の内実を詰めることにあった。具体的には、汪が南京に和平を目的とした政府を樹立すること、新政府樹立と同時に維新政府は解消すること、青天白日旗を国旗とすること、などであった。七十六号が活動を始めたとはいえ、いまだ治安が確立せず、和平工作が軌道に乗らないなか上海で無為《むい》な時間を過ごすよりは日本政府との折衝《せっしょう》を先行させたほうが有効、と汪は判断したに違いない。

日本側は汪が日本に滞在していた六月六日の五相会議で「中国新中央政府樹立方針」を決定していたが、その内容は、三八年一一月三〇日の「日支新関係調整方針」を追認したことであった。日本滞在中に汪は六月一〇日平沼騏一郎《ひらぬまきいちろう》首相、一一日板垣征四郎《いたがきせいしろう》陸相、一二日米内光政《よないみつまさ》海相、一三日石渡荘太郎《いしわたそうたろう》蔵相、一四日有田八郎《ありたはちろう》外相、一五日再度板垣征四郎陸相と会談し、今後の日中関係の詰めを行なっている。会談のなかで、新政府樹立は日本側に承認されたものの、青天白日旗を国旗とするという汪側の主張は日本サイドの強い抵抗にあった。

中国軍との区別がつかずに混乱するというのが日本側の主張だった。このときはふだん冷静な周仏海も激昂し、日本語が堪能であるにもかかわらず必ず通訳を使うルールも忘れ、陸相と直接日本語でやりあったという。結局、周仏海と梅思平は妥協して青天白日旗と五色旗を組合せることも提案したが、今度は汪の方が強く反対し、結局、反共、和平、建国の三原則のうち、任意の二項目を書いた黄色三角布巾を旗竿《はたざお》の頭部に添付して青天白日旗を使用するということでおちついた。汪は「わたくしは新政府の国旗問題にも、辛亥《しんがい》革命烈士《れっし》の赤い血汐《ちしお》を回想せずには居られない」（『汪精衛自叙伝』）と述べ、孫文《そんぶん》の筆頭弟子を自任する彼は国旗への熱い想いを述べていた。

しかし、日本側が汪政権に期待していたものが何であったかは、汪・板垣会談で、陸相板垣征四郎が「忌憚《きたん》なく」次のように述べたなかに集約されていた。

北支ハ日支両国ノ国防上及《およ》ビ経済上特殊ノ結合地帯ト云フヘク蒙疆《もうきょう》ハ国防上特ニ蘇聯《それん》ニ対スル防衛ノ為防共区域ヲナシ又揚子江下流地域ハ経済上日支ノ聯携《れんけい》最モ密接ナルヘキ地域ナリ。（外務省外交史料館『支那事変ニ際シ支那新政権樹立問題一件　支那中央政権樹立問題』六）

板垣の言を言い換えれば、近衛声明では明確でないが、日本の意図するところは、華北を日本との国防上経済上の提携地域とし、蒙疆は防共特殊地域とし、揚子江流域は日本の経済的提携地域にしたいと考えているということである。いわば第二、第三の「満州国」づくりだというのである。

この板垣談話を紹介したあとで西義顕《にしよしあき》は「この調子で解釈すると、近衛声明などというものは、結局、中国の民族主義の主体性をどこにも認めない日本側の一方的な都合を羅列した覚書にすぎないものになる。しかも、それが日本側の忌憚のない肚裏《とり》だとあっては、また何をかいわんやである」と評し、これを呑んだ汪兆銘を「過ぎたる大度」、「転落の確定」と記している（『悲劇の証人　日華和平工作秘史』）。

汪の要望

それにもかかわらず、汪は交渉を継続し、日本への要望を伝達する。そのまとめともいうべきものが、六月一五日に汪から日本政府に提出された「汪側提出中国主権尊重原則実行に関し日本に対する希望」であった。その内容は「内政」「軍事」「経済」の三点に及んでいた。

まず「内政」では、

一、中国側は親日教育を、日本側は親華教育を実施すること。

二、中央政府には政治顧問及びこれに類似する名義職位を置くことを避ける。商議事項は駐華日本大使と行なうこと。

三、中央政府各院、各部に日本人を職員として任用せず、内政干渉の疑惑を避けること。しかし自然科学の専門家は技術顧問として招聘《しょうへい》するが、一般行政には参画させないこと。

四、各省政府および特別市政府においても上述同様日本人の政府顧問または類似の名義を有する職位を設けない。日本軍は必要ある場合には、外交的手続きで事に当たること。

五、県政府、普通市政府においても日本人を職員に任用せず、必要な場合には外交方式で事を処理すること。

六、地方政府の威信を保持し日本への悪感情を避けるため、日本駐屯軍は地方政府との交渉に専門人を立てること。

七、日本は税収機関を占有・操縦しないこと。

八、日本の軍民は中国人を侮辱する行動をとらないこと。

「軍事」では、

一、中央の最高軍事機関（軍事委員会・国防委員会など）には顧問団を設け、日独伊三ヵ国の軍事専門家を招聘すること。比率は日本人が二分の一、独伊人が二分の一、主席は日本人として、国防計画などを立案する。

二、各軍事教育機関には日独伊の軍事専門家を招聘する。

三、部隊には日独伊軍事顧問を招聘しない。中央の最高軍事機関より派遣される顧問に関してはこの限りにあらず。
四、兵器製造工場には必要に応じ日独伊の専門家を派遣すべし。
五、汪兆銘政権樹立後に汪政権に復帰した中国部隊あるときは日本軍撤収地域に駐屯すべきこと。

「経済」では、

一、日本軍により接収された工場、鉱山、商店は中国に返還すること。
二、合弁企業に関しては固有資産の再評価をすること。
三、合資企業で日本側が実際上の出資をしていない場合は、これを是正すること。
四、合資経営では日本側は資本額の四九%をこえてはならぬこと。
五、合資企業の最高主権は中国側に属すること。
六、汪兆銘政権樹立前に臨時・維新両政府が許可した契約は再審査する余地を持つこと。

汪は三日後の六月一八日に日本を離れ天津《テンシン》へと向かうが、この回答は遅れに遅れ、やっとこの年の一〇月二四日に汪のもとに届けられた。それは三点に要約できた（前掲外務省外交史料館資料）。

(1)　内政に関して。双方が親善教育を行なうことには異論なし。日本人顧問や日本人職員を置かない点については、政治顧問は置かないこととするが、自然科学、財政、経済の専門家や教授、教官、税関吏、技官などは置く方向で考慮してはどうか。県政府や市政府も同様である。日本軍との関係も原則として汪側の提案を承認する。

(2)　軍事について。最高軍事機関への顧問招聘に関しては日本人に限定すること、および一般軍事教育機関への独伊顧問派遣に関しては別途協議すること。部隊に派遣される軍事顧問に関しては日本人を入れることが有利であろう。

(3)　経済について。没収された中国人資産に関しては、合理的方法で逐次移管すること、固有資産の再評価に関しては、適正になされたと判断するが、適正を欠く場合には委員会を設けて再評価することとする。

政権樹立への道

汪兆銘が政権樹立を前に取り組まねばならぬもう一つの課題は、すでにある華北の中華民国臨時政府、華中の中華民国維新政府の扱いであった。これらの既存政権との関係をどう調整しながら新政府を樹立するかであった。

汪兆銘は日本からの帰国途中天津から北平《ペーピン》に移り多田駿《ただはやお》北支那方面軍司令官を訪問、

意見交換し、中華民国臨時政府行政委員長の王克敏《おうこくびん》と面談、協力を依頼している。北平から空路上海に戻った汪は、山田乙三《やまだおとぞう》中支那派遣軍司令官を訪問、維新政府の行政委員長梁鴻志《りょうこうし》以下の政府首脳と会見し協力を依頼している。汪の新政権が誕生すればこれまでの中華民国臨時政府は華北政務委員会に格下げとなり、中華民国臨時政府は解体されるわけだから、協力を前提に両首脳は会談の際に汪にいろいろ条件をつけた。

汪は七月には上海の陳公博を仲間に誘い、八月二八日に中国国民党第六回大会を開催した。場所は七十六号の庭園であった。七十六号の責任者の丁黙邨が強く希望したとはいえテロリストの本拠で党大会を開催するというのだから、いかに上海の治安が悪かったかがわかる。

しかし汪はこの大会を開かねばならなかった。なぜなら、汪の国民政府と国民党の〝法統〟と〝党統〟を継承し、彼自らの正統性を証明するためには、この儀式が不可欠だったのである。組織的基盤はないが、汪は二四〇名の「代表」を選出し、「反共を基本政策とする」決議によって共産党と決別し、国民党第五回大会の「抗戦建国」を全面否定した。汪は「聯蘇《れんそ》、容共、扶助工農」を内容とする民族、民権、民生の三民主義を修正したのである。もっとも王克敏ですらこの大会を評して「集マリシ顔振《かおぶれ》ニ大シタ有力者無ク」（外務省外交史料館『支那事変ニ際シ支那新政権樹立関係一件　汪精衛関係』）と否定的コメントを残していたように、有力な政治家を結集することはできなかった。

九月以降汪は南京で王克敏、梁鴻志と会談し、政府の骨格、中央政治会議の人員配分、決定方法などを相談している。三者の意見はなかなか合意を見なかった。中央政治会議派遣の代表者数の割り振りに関してみれば、王や梁が臨時政府、維新政府、国民党各三分の一ずつを主張したのに対し、汪側は国民党三分の一、臨時・維新政府三分の一、各党各派三分の一を主張、「両者容易ニ相譲ラサリシ」（同上）、激論が続いた。もっともこの両氏との相談は影佐の表現を借りれば「不首尾に終った」。なぜなら、実際には王、梁両氏とも日本側からは何にも聞いていないことを理由に汪の話に応じなかったからである（外務省外交史料館『支那事変ニ際シ支那新政権樹立問題一件　支那中央政権樹立問題』六）。

その後汪と日本側の調整工作は継続され、三九年一一月一日以降「日支国交調整原則に関する協議会」が開催され、五回にわたる会議で両者の詰めが行なわれた。日本側からは影佐禎昭、須賀彦次郎の陸海軍代表、谷萩那華雄大佐、矢野征記書記官、清水董三書記官、犬養健《いぬかいたける》が委員となり、中国側からは周仏海、梅思平、陶希聖、周隆庠《しゅうりゅうしょう》が委員となって交渉は継続した。両者で対立したのは北支の範囲、駐兵問題、鉄道問題であった。一二月三〇日に両者の妥協が成立し、日本側は陸軍が影佐、海軍が須賀、外務、興亜院は矢野が署名し中国側は周仏海、梅思平、林柏生《りんはくせい》、周隆庠が署名した（『人間　影佐禎昭』）。

「日支新関係調整ニ関スル協議書類」

「日支新関係調整ニ関スル協議書類」と称されたこの協定は広範な内容を包含《ほうがん》していた。「協議書類」は別冊を含めて三つの内容から構成されていた。一つは「日支新関係調整要領」と称されるもので、日中戦争という特殊条件下で「善隣友好」「共同防共」「経済提携」を原則に東亜新秩序建設を目指して進むことを謳っていた。二つは「秘密諒解事項」と称されるもので、「新中央政府と既成政府との関係調整要領」「金融・財政関係」「経済関係」「交通関係」「揚子江下流地域における日支協力」「日本人顧問・職員採用関係」「主権尊重原則実行等に関する中国側要望に関する回答関係」「雑件」の八つの課題からなっていた。内容は、ここに掲げたとおりのもので、政治・経済・金融・交通・地域開発・日本による中国政治への「内面指導」にいたる日本側の指導要綱が盛り込まれていた。三つめが「機密諒解事項」と称されるもので、「防共駐兵地域関係」「北支鉄道問題関係」「南支沿岸特定島嶼《とうしょ》地点に関連する軍事機密諒解事項」からなっていた。防共駐兵の地域の確定、鉄道運営の細目の確定、南支沿岸地域の軍事施設の利用に関する取り決めが述べられていた（外務省外交史料館『支那事変ニ際シ支那中央政権成立一件　梅機関ト汪精衛側トノ折衝中ノ各段階ニ於ケル条文関係』）。

日中間の交渉過程では、影佐と周仏海、周隆庠がかなり激しくやりあう場面も見られたが、政治・経済・軍事の根幹が日本側に握られていた、とあっては「徹頭徹尾不平等の条約」（『同生共死の実体』）と評されても仕方がなかった。

青島会談と高・陶の離脱

これを踏まえ四〇年一月二四日以降、青島《チンタオ》で汪兆銘・王克敏・梁鴻志三者の会談が実施された。いわゆる世に言う「青島会談」である。汪兆銘司会のもとで二日間にわたり継続した会談で、「中央政治会議」「中央政治委員会」「中央政治機構」などを決議し、新たに誕生が予定されている汪政権の骨格を決定すると同時に、中華民国臨時政府は華北政務委員会に改組すること、中華民国維新政府は解消されて、新政府に吸収されること、中央政治会議を二月上海で開催すること、三

図9　青島会談（毎日新聞社提供）

月中旬に汪兆銘政権を樹立すること、などが決定された。

この間の日本との交渉に不満だった高宗武と陶希聖は一九四〇年一月二一日『香港大公報』に日本との交渉内容を暴露した。

「日本は先づ内蒙を以《も》つて華北を制し、華北を以つて華中を制し、華中をもつて華南を制せんとし、更に一面より見れば華南を化して華中と為《な》し、華中を化して華北と為し、華北を化して内蒙と為し、内蒙を化して満洲と為し、満洲を化して朝鮮と為すに外ならず」と日本側の動きを批判し、協定の内容を暴露し、汪に対して「懸崖《けんがい》に馬を進むるが如《ごと》き愚行を敢えて繰り返すなかれ」と忠告した（『陸軍省陸支密大日記』）。

日本側の対応は、さしあたり事実に反する旨《むね》軽く否定するにとどめ、本格的批判は汪側にゆだねるとしたが、汪側は収まらなかった。

周仏海は四〇年一月二二日の日記のなかで「高、陶のクズどもが香港で条件のすべてを発表したとのこと、憤慨の極みなり……晩に思平と高、陶の件で話し合うが、憤慨の余り一睡も出来なかった。上海に戻ったら長文の声明を発表して内容の説明と我々の態度を明らかにして全国民の耳目を正すことにしよう。高、陶の二匹のクズはいつか必ず殺してやる」と記している。

「青島会談」の決定にしたがい、予定より若干遅れて四〇年三月二〇日より三日間、南京で中央政治会議が開催され汪兆銘政権の基本骨格が開陳された。汪兆銘を筆頭に、国民党側から陳公博、周仏海など一〇名、臨時政府から王克敏など五名、維新政府から梁鴻志など五名、国家社会党から諸青来ら二名、中国青年党から趙毓松《ちょういくしょう》ら二名、無党派として趙正平《ちょうしょうへい》ら四名、蒙古連合自治政府から卓特巴札布《チョトバヂャップ》ら二名の合計三〇名であった。ここで新政権の機構、新政権の役職、新政権と臨時・維新政府との関係、日中和平条件、中央政治会議の構成、性格と中央政治委員会との関連などが発表された。

還都式典

一九四〇年三月三〇日、汪兆銘政権は発足した。日本側の度重なる遅延要請に周仏海は四〇年三月の日記の随所で怒りの言を述べているが、周が主張した三月二七日に三日遅れるかたちで汪兆銘政権はやっと発足した。板垣征四郎《いたがきせいしろう》総参謀長から「宋子良工作の成功のため政府樹立を延期されたし」とする要請が入り、繰り延べを余儀なくされたためであった。

そのためであろうか、晴れがましいはずの式典にもかかわらず、周仏海は三月三〇日の

図10　還都式典

汪兆銘就任宣誓．1940年3月30日，汪は主席代理，行政院長を兼務し，式典で還都宣言を発表した．

また，周仏海は当日の日記に次のように記していた．「7時半起床．国民政府に赴き，還都式典及び各院，部，会の長官就任式典を行ない，厳かで厳粛な雰囲気の中に完了した．余の理想としていたことが実現したのであり，人生の一大快事である．思えば，一昨年の4月に思平と時局の収拾方法について議論した時に，余は三民主義，国民党，青天白日満地紅旗及び国民政府の4条件が必須である，と言った．重慶を離れてより1年3ヶ月の努力のすえ，本日ついに天は人の願いに従ったのだ．まことに物事は人の努力次第である．ついで財政部に行き着任する．午後，第1回中央政治委員会を開催し，余は秘書長の資格で，各案に対して説明をする．余が提案したところの財政の各種問題，例えば中央各機関の経費分配基準，4月分の概算などはみな提案通り採択された．本日は余の生涯にとって一番に痛快な日である（蔡徳金編『周仏海日記』より）．

日記に「七時半起床。国民政府に赴き、還都《かんと》式典及び各院、部、会の長官就任式典を行ない、厳かで厳粛な雰囲気の中で完了した」と淡淡《たんたん》と記述するにとどめている。

式典は三〇日午前一〇時から南京国民政府大礼堂で臨時主席代理汪兆銘をはじめ政府関係者二百余名列席のもとで行なわれた。以下『東京朝日新聞』の報道に依拠して当日の模様を再現しておこう。

午前九時、青天白日旗のマーク入りの自動車が各院長・部長を乗せてつぎつぎと会場に到着した。一〇時、城壁の上に花火が一発揚がった。五秒後にもう一発、さらに一〇秒おいてもう一発揚がった。続いて停泊中の中国海軍の軍艦が二一発の祝砲を発射、これを機に大礼堂前の国旗掲揚塔に青天白日旗がスルスルと揚がった。国旗の先には三角の黄色い小旗が付けられ「和平建国」と書かれていた。会場内では汪兆銘を筆頭に立法院長陳公博、司法院長温宗尭《おんそうぎょう》、監察院長梁鴻志らが入場すると壇上の絹の幕が開き孫文の肖像が現れた。国歌の吹奏の後、国民政府代理主席に就任した汪兆銘が立ち上がると孫文の遺嘱を朗読、各院長・部長の就任式を行なった後、汪が再び立って「改組国民政府が中華民国の法統を継ぎこの日を以て堂々南京に還都し中国の主権を掌握する」ことを内外に宣言し、そ

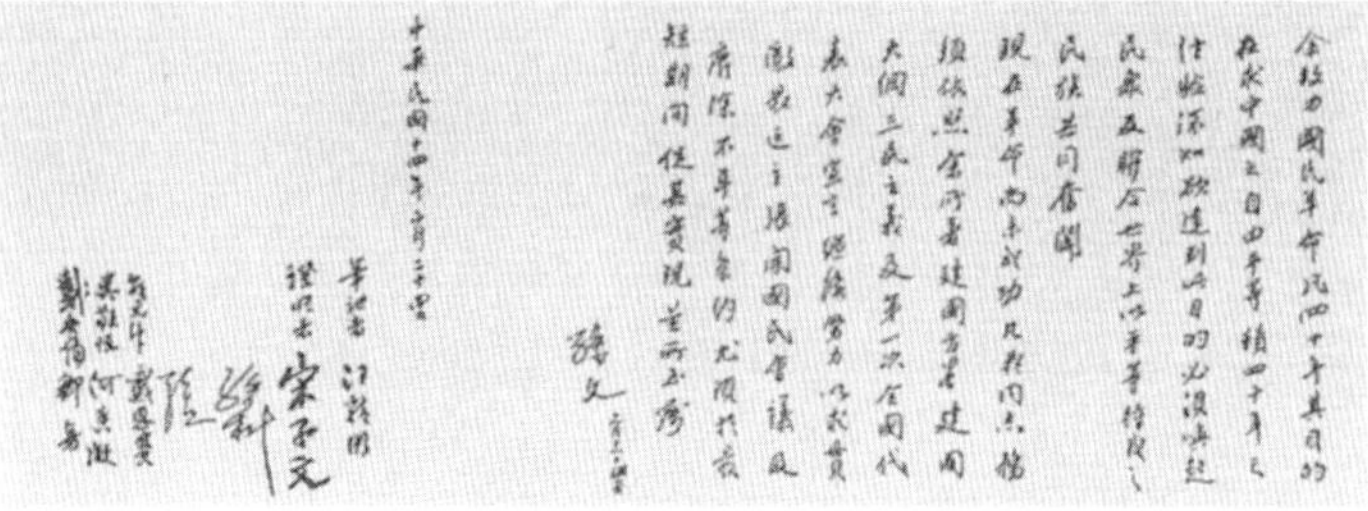

図11　孫文の遺嘱

の幕を閉じた。同日上海にあった中華民国維新政府は発展的解消の声明を発すると同時に、北平の中華民国臨時政府は、同政府の解散式と華北政務委員会の発足式を行なった。

還都式典に出席していた金雄白《きんゆうはく》はこのセレモニーを「歴史的悲劇の序幕」と述べて悄然《しょうぜん》とした会場の雰囲気を「石頭城畔一片凄涼《せいりょう》の景」と表現していた。汪兆銘の演説は生彩《せいさい》を欠き、外交上通例とされる各国使節の祝賀形式もなく、支那派遣軍総司令官西尾寿造《にしおとしぞう》も翌日の午後になって汪兆銘政府を形式的に訪問しただけだった（『同生共死の実体』）。汪兆銘の盟友で満鉄上海事務所南京支所にいた西義顕《にしよしあき》も欠席した一人だ。「私に対しても……祝賀式典参列の招待があったが、私は、式服の準備がないからとの措辞《そじ》で謝絶した」という（『悲劇の証人』）。汪政権の誕生を歓迎できなかった彼の気持ちが行間ににじみ出ている。中国民衆の受け止め方も冷淡・

無関心そのものだった。「用済後速カニ焼却　防諜《ぼうちょう》注意」と書かれた日本軍作成の『新政権樹立ニ関スル民衆ノ動向ニ関スル件』という史料が防衛庁防衛研究所図書館に残されている。この史料を見ていると随所に「無関心」「冷淡」といった中国人の反応を示す言葉が見られ、全体的にしらけムードが漂っていたことがわかる（『陸支密大日記』）。

南京国民政府の幹部たち

汪兆銘政権の機構図とその院長・部長は構成表のとおりである。国民政府主席代理には汪兆銘が就任した。主席には重慶に都を移した国民政府の林森《りんしん》を据え、汪は国民政府代理主席と称したが、名簿が公開された日、汪は重慶ラジオ放送を通じて林森から罵倒の言葉を浴びた。また最高決定機関としては中央政治委員会が置かれた。中央政治委員会の主席は汪兆銘だが秘書長は周仏海だった。この下に行政院（院長・汪兆銘、以下同様）、立法院（陳公博）、司法院（温宗堯）、考試院《こうしいん》（王揖唐）、監察院（梁鴻志）の五つの院と汪兆銘が委員長を兼任した軍事委員会が置かれた。また行政院の下には内政部（部長・陳群）、外交部（褚民誼）、財政部（周仏海）、軍政部（鮑文樾《ほうぶんえつ》）、海軍部（汪兆銘）、教育部（趙正平）、司法行政部（李聖五《りせいご》）、工商部（梅思平）、農鉱部（趙毓松）、鉄道部（傅式説）、交通部（諸青来《しょせいらい》）、社会部（丁黙邨）、宣伝部（林《りん》

国民政府（林　森）
汪兆銘（代理）——一九四〇年二月六日
中央政治委員会（汪兆銘）

行政院
汪兆銘
副　褚民誼
秘書長陳春圃

内政部部長　陳　群
外交部　褚民誼（兼）
財政部　周仏海
軍政部　鮑文樾（代理）
海軍部　汪兆銘（兼）
教育部　趙正平
司法行政部　李聖五
工商部　梅思平
農鉱部　趙毓松
鉄道部　傅式説
交通部　諸青来
社会部　丁黙邨
宣伝部　林柏生
警政部　周仏海（兼）
賑務委員会委員長　岑徳広

政府の人員構成

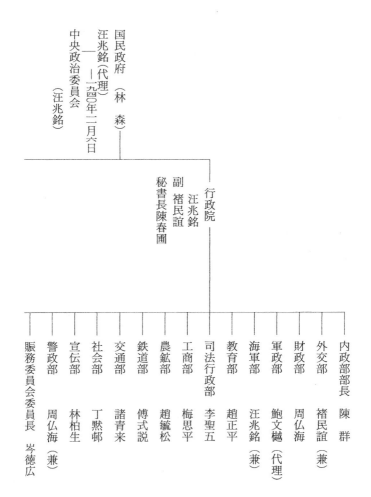

- 邊疆委員会　羅君強
- 僑務委員会　陳済成
- 水利委員会　楊寿楣
- 立法院　陳公博・副（未定）一九四一―繆斌
- 司法院　温宗堯・副　朱履和
  - 最高法院　張韜
- 考試院　王揖唐　副　江亢虎
  - 詮叙部　江亢虎（兼）
  - 考選委員会委員長　焦　瑩
- 監察院　梁鴻志　副　顧忠琛
  - 審計部　夏奇峰
- 軍事委員会　委員長　汪兆銘（兼）
  - 参謀本部部長　楊揆一（代理）
  - 軍事参議院院長　任援道（代理）
  - 軍事訓練部部長　蕭叔萱（代理）
  - 政治訓練部部長　陳公博（代理）

図12　南京国民

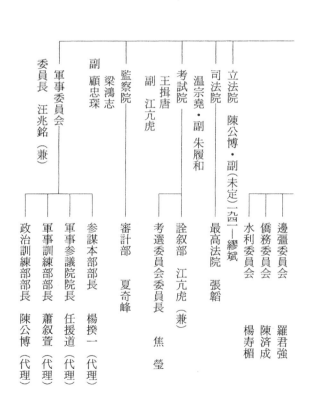

柏生《はくせい》)、警政部(周仏海)の一四部と振務《しんむ》委員会(委員長・岑徳広《しんとくこう》)、辺疆委員会(羅君強)、僑務《きょうむ》委員会(陳済成《ちんさいせい》)、水利委員会(楊寿楣《ようじゅび》)の四つの委員会が設置された。これとは独立して華北の経済、治安、軍事を行なうために王克敏を委員長に華北政務委員会がつくられていた。最高決定機関である中央政治委員会をもち、五院一四部をもって構成される汪政権の陣容は、その構成もその名称も重慶の蔣介石政権のそれに酷似していた。

この政権の一つの特徴は、日本留学組が多かったことだ。汪を筆頭に褚民誼、周仏海、江亢虎、陳群、傅式説、岑徳広、諸青来、李聖五、趙正平など多くを数えていた。旧国民党の党員が多かったことも中華民国臨時政府、中華民国維新政府と異なっていた。褚民誼、陳公博、温宗堯、朱履和、徐蘇中《じょそちゅう》、陳群、周仏海、陳之碩《ちんしけん》、林柏生、羅君強、陳《ちん》君慧《くんけい》、何炳賢《かへいけん》などが名を連ねていた。

この政権で、汪兆銘が中軸にいたことは間違いないが、実務的な面でこの政権を支えたのは周仏海だった。周は中央政治委員会の秘書長として最高決定機関の実務を掌握し、行政院内で財政部、警政部をにぎることで財政と治安を自己のものとし、さらに南京国民政府の中央銀行たる中央儲備銀行総裁のポストに就くことで金融面での最高責任者となった。

しかも京都帝国大学出身として流暢《りゅうちょう》な日本語が話せることで、日本との交渉の実質的なパイプ役を果たしたのである。汪兆銘の身近にいた金雄白《きんゆうはく》が、その著書のなかで「実際の権力をあやつったのは周仏海」であり、汪政権の「大黒柱」として「汪政権の中で、仏海は最大の実権と実力を握っていた」と書いたことはすでに紹介した。政権の構成表を見ても汪兆銘政権は、実質的にみれば周仏海が強い力をもっていたことがわかろう。

顧問制度

新政権樹立にあたって協議した重要問題の一つに顧問制度がある。この顧問制度は日中戦争勃発後だけをとっても、すでに臨時、維新両政権において実施されていた。中国に駐屯していた日本陸軍の強い要求で、両政権は政権内に顧問を置く方向で検討を重ねていた。ところが交渉途中で、海軍や外務省から横やりが入り、改めて協議した結果、一九三八年八月、軍特務部長の名で、必要に応じ申し出にしたがって日本から派遣することが決定された。こうして三八年一〇月以降臨時・維新政府の各部に日本人顧問が送り込まれはじめた。ところが三九年一二月に特務部長原田熊吉《はらだくまきち》が日本へ帰還する可能性が高まると、梁鴻志は畑軍司令官に要請し、原田が引き続き華中に残留し最高顧問に就任することを懇願し、畑から了承をとったのである。最高顧問とは、「顧問以下ノ職員ヲ指揮シ維新政府ノ総務、経済、文化ノ各般ニ亘《わた》リ内面指導及《および》援助協力工作ニ邁進スル」（『支那事変ニ際シ支那新政権樹立問題一件　支那中央新政権樹立問題』九）ことを任務としていた。つまりは最高実力者だったわけである。

これを踏襲《とうしゅう》し、一九三九年一二月の「日支新関係調整に関する協議記録」やその仕上げともいうべき後述する「日華基本条約」で顧問の受け入れを承認した汪政権には多くの顧問が送り込まれた。青木一男《あおきかずお》はその筆頭であった。彼は企画院総裁、大蔵大臣を歴任したあと四〇年四月、中華民国派遣特命全権大使顧問、四一年二月には国民政府全国経済委員会顧問に就任した。彼をはじめ各行政機関のすみずみにまで日本人顧問が配置された。彼らは、副局長、副部長といったナンバー・ツーのポジションを占めたが、実質的な権限を握って政策を推し進めた。

日華基本条約交渉

汪兆銘政権がスタートしはじめた一九四〇年七月ころから日本側と汪政権との間で日華基本条約締結に向けた交渉が開始された。これは前年三九年一二月の「日支新関係調整に関する協議記録」を踏まえ、それを条約にまで具体化する作業であった。しかし日本政府と総軍司令部は、一方で汪政権と基本条約交渉を進めながら他方で重慶政権との和平交渉を並行させていたのである。ところが一一月に重慶側との交渉が失敗に終わると急遽《きゅうきょ》汪兆銘政権との基本条約締結へと傾いていった。

汪側との日華基本条約交渉が開始されたのは四〇年七月のことであった。七月以降開始された交渉の当事者は、日本側が元総理で中国特派大使だった阿部信行《あべのぶゆき》、外務省から日高信六郎《ひだかしんろくろう》、松本俊一《まつもとしゅんいち》両参事官、陸軍から影佐禎昭、海軍から須賀彦次郎の両少将、汪政権経済顧問の犬養健らで、中国側が、汪兆銘、褚民誼、周仏海、梅思平、林柏生ら汪政権の外交、財政、工商、宣伝の各部長たちだった。

当初交渉は意見の相違が目立って遅々として進展していない。特に基本条約の第五条および付属議定書《ぎていしょ》の第二条、第三条の二について突っ込んだ議論が展開された。基本条約第五条とは、日本軍の駐屯に関する取り決めで、第四条が陸軍の規定であり、第五条は海軍に関する規定であった。付属議定書第二条とは、臨時・維新政府との継承性の問題であり、同第三条とは、日本軍の撤兵問題に関する規定であった。

交渉は一進一退を繰り返し、それが進展するのは八月も後半に入ってからであった。『周仏海日記』八月二一日付けの記述では「本日採択した要点は非常に沢山あり、あるいは月末には終えることができるかも知れない」と妥結が間近いことを示す記述があり、八月三一日付けで、「中日第十六回会議、すなわち最終の会議である。汪先生及び阿部大使がともに出席する」とあって、両者の合意書が取り交わされたことを記述している。

日華基本条約

「日本中華民国間基本条約に関する条約」が締結されたのは四〇年一一月三〇日のことであった。この間日本は重慶政権との和平交渉を継続していたのである。これを断念して「条約」を締結する動きが明確化するのは、『周仏海日記』によれば、一一月二四日以降のことで、最後の最後まで日本は重慶政権との和平に期待をかけていたことが記述されている。もっとも周は一一月二三日の日記のなかで、「ただこの一年来、日本側の中国情勢についての認識の不正確なこと、情報も常に誤っていることを深く思わざるを得ない」と記述している。

一一月三〇日午前一〇時二五分、南京の国民政府大礼堂において、阿部全権大使と汪兆銘行政院長の間で調印が行なわれ、汪兆銘政権は日本政府によって正式承認されることとなった。

一一月三〇日の「日本中華民国間基本条約に関する条約」は「条約」と「付属議定書」、

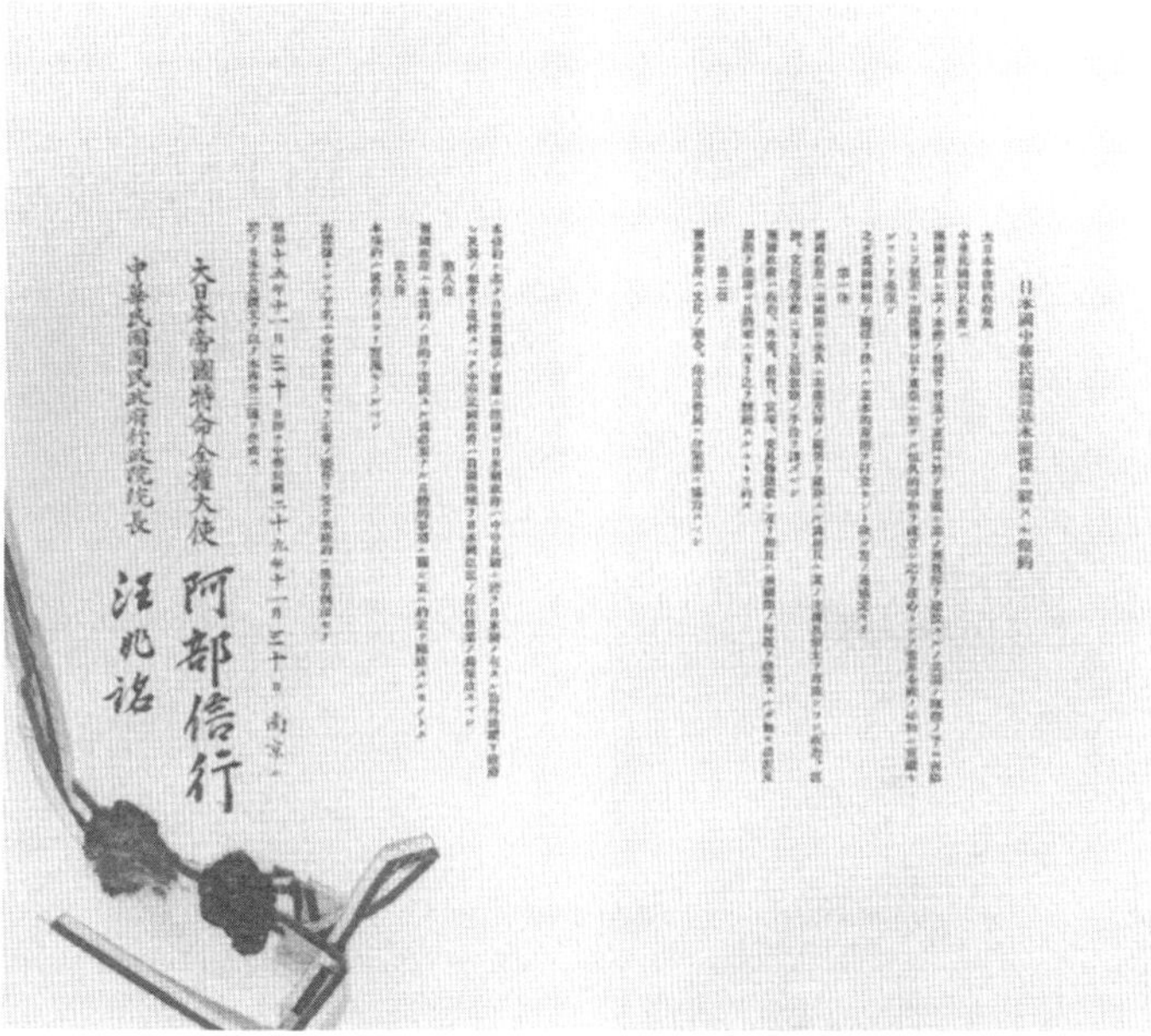

図13　日華基本条約（文書，外務省外交史料館蔵）

日華基本条約の調印式を汪兆銘は次のように記していた．「新しき歴史への發足，世紀の感激に包まれたこの日，首都南京の秋空は紺碧に晴れ，澄んだ江南の微風そよぐ紫金山下，式場たる国府行政院は爽やかな秋気の中に柔かい銀陽を受けて，バツクの紫金山から浮彫されたやうに眼にしみる程美しい．

定刻10時，阿部全権大使とわたくしが全員起立の中に式場に入り，中央木の香も新しい大テーブルに向ひ合ひ，鄭重な礼を交して着席，直ちに日華両文の条約書が卓上に置かれた．わたくしと阿部全権は同時に筆を下して署名捺印を終つた．時に10時25分，こゝに調印を完了し，中日国交修復条約調印式は滞りなく終わつた．折柄揚子江上に碇泊中の支那方面艦隊旗艦『出雲』と，国府海軍部の『海輿』から射ち出す21発の礼砲は殷々と谺して，式場は一層の荘厳な空気に包まれた」（汪精衛『汪精衛自叙伝』より）．

「付属議定書に関する日華両国全権委員間諒解事項」「付属秘密協約」「付属秘密協定」から構成されていた。「条約」は全部で九条より成り、第一条で両国の友好親善を約し、第二条で文化の創造、発展に協力することを謳《うた》い、第三条で防共への協力と軍隊の蒙疆、華北への駐屯を述べていた。続く第四条では華中地域での日本軍の軍隊の駐屯を認め、第五条では日本の艦船部隊の中国での駐留を承認し、第六条では日中双方の経済提携を謳い、資源開発・資源利用・通商振興・その他産業・金融・交通・通信の発達への日中協力を謳っていた。第七条では日本の治外法権の撤廃、租界の還付を述べ、第八条では具体的事項については別途協定を定めること、第九条ではこの「条約」が四〇年一一月三〇日より発効する旨明記されていた。

続く「付属議定書」では、第一条で汪政権は、日本軍が戦争目的達成のため中国で必要な措置を取ることを承認することを述べ、第二条で臨時政府や維新政府が弁じた事項は汪政権が継承し、日中間で未調整事項は速やかに両国間で協議調整するものとし、第三条では、日中間で戦争状態が終結したときは、治安確立とともに二年以内に撤兵を完了することを述べ、第四条では日中戦争期の日本人の損害補償、中国人の難民救済を謳っていた。

「付属議定書に関する日華両国全権委員間諒解事項」では、「付属議定書」第一、第二条に関連し以下の五項目の諒解事項を取り決めていた。一つは各種徴税機構の調整、二つは日本軍が管理中の工場、鉱山の中国側への返還、三つは日華合弁企業の財産評価の修正、四つは中国側の貿易自主統制の必要性、五つは交通・通信事項の日中間調整。

「付属秘密協約」では、第一条で「条約」第五条に基づき日本軍艦船が自由に中国領海内を航行、停泊する自由を有すること、第二条で日本は中国と協力して厦門《アモイ》、海南《ハイナン》島などの特定資源を開発することをもって日本側の国防要求に応えることを謳っていた。第三条では、この付属秘密協約を適当な時期に公表すること、第四条では、この「付属秘密協約」は「条約」とともに実施されることを明記していた。

「付属秘密協定」では、第一条で相互提携を基調とする外交を展開することを、第二条では汪政権は中国に駐屯する軍隊に対し鉄道・航空・通信・港湾・水路の便宜を給することを謳い、第三条では必要に応じて同協定の公開を述べ、第四条では本協定は条約と同時に実施されると述べていた。この「日華基本条約」の締結によって一九三九年一二月の「日支新関係調整に関する協議記録」以来継続してきた条約交渉は終了した。交渉の中国側の主役だった周仏海は日記の中で「今までの努力がこれで一段落を告げ、今後は新しい紀元が開かれるのである」と記しているが、汪政権樹立過程はここに基本的な作業を終了し、政権は本格的なスタートを切ることとなる。しかし日中双方が激論を交わしたことは事実だが、決定された条文をみれば明らかなように、「日華基本条約」は中国占領地の「満州国」化に他ならなかった。

「日華基本条約」の締結と関連して周は次のようにも記している。「一番好ましいのは汪と蔣との間に黙契と了解ができ、一方は日、独、伊の陣営に参加し、もう一方は英、米の陣営に参加することである。将来、両陣営のいずれかが勝ちいずれかが負けたとしても、中国には対処の仕方があるというもので、さもなくばいずれも一か八かに賭けるしかなく、実に危険なことである。両公ともそのような見解はもってはいるのだが惜しいかな度量に欠ける」と。今後枢軸、反枢軸どちらが勝利しても汪と蔣が別々の陣営に所属していれば中国は生き残れるという発想である。将来公開されることを想定した自己弁護の向きもないではないが、しかし彼の発想の根底に横たわる流れの一つでもある。

清郷工作

清郷とは

「清郷《せいきょう》」とは「四郷ヲ精査シテ盗匪等ヲ粛清スル」という意味で、中国独特の治安工作をいう。起源は遠く明清《みんしん》時代にさかのぼるが、一九二〇年代後半、頻発する中共の武装蜂起に対し国民党は掃討作戦を展開したが、その際多用したのがこの清郷工作だった。中国に古くから伝わる保甲《ほこう》制度を利用し戸口《ここう》調査を進め民衆にまぎれこんだ共産党勢力を一掃するもので、蔣介石は二九年九月「清郷条例」を公布し保甲制度を整備し、戸口調査を推し進め掃共《そうきょう》作戦を展開した。

日本占領地区における治安工作に清郷工作を使用することを計画したのは、汪政権の軍事顧問だった晴気慶胤中将と汪政権警政部部長の李士群で、この二人が協議して立案したもので、四一年二月には第一三軍が討伐と封鎖作戦の研究を開始し、同年三月には蘇州に第一三軍清郷司令部を開設し、汪政権も中央政治委員会を開き清郷委員会の成立を決定した。

五月に清郷委員会が正式に成立した。委員長は汪兆銘、副委員長は陳公博と周仏海、秘書長は李士群で、実権は秘書長の李が握っていた。

清郷工作とは

では具体的な「清郷工作」とはなにか。「清郷工作実施綱要」によれば以下のようになっていた。

一、日本側が軍事工作を担当し、中国側は政治工作を担当する。敵が物資補給を行なえないような形で徹底掃討を進める。

二、工作は六ヵ月を一期とし三期に分けて、都合一年半行なう。この間国民政府は模範農村を建設するという理想を達成する。第一期は順番に治安の確立、行政実行、官治中心で順次自治、自衛、自生を展開する。第二期は民意の伸達《しんたつ》、官治を確立し、順次民治、民衛、民生を確立する。第三期は官民融合、自力独立確保に向かう。

汪政権の清郷委員会のメンバーが各地で清郷宣伝活動を展開．写真は1941年9月汪兆銘が蘇州清郷地区を視察した時のもの．

図14－1　清郷（工作）

図14－2　清郷（工作）

三、経済面では、敵性経済機構を取り除き、国民政府の勢力範囲に入れる。新しい配給収集制度をつくることによって民生を改善する。また、民生改善のために合作社をつくる。(『汪精衛国民政府〝清郷運動〟』)

清郷工作を視察してルポルタージュ『清郷地区』を残した石浜知行の言を借りれば、実際の工作は次のように行なわれた。

まず軍事的討伐をもって清郷工作は開始される。日本軍を主力に汪兆銘軍、保安隊、警察が協力して武力討伐を実施する。その際清郷地域には竹矢来《たけやらい》や電流鉄条網を張りめぐらし、ところどころに検問所を設けて人および物を検査する。物資が解放区に流出するのを防ぐためである。武力討伐に続いて政治工作団が乗り込んで、和平や清郷思想の普及を目的とした宣撫《せんぶ》工作を展開する。そのうえで清郷地区の行政の中枢機関として弁事処《べんじしょ》、督察《とくさつ》専員公署《せんいんこうしょ》を設けその下に特別区公署を設置する。もっともこの機構は四一年末には大改革が実施され弁事処、督察専員公署、区公署は廃止され弁事処、督察専員公署は省政府となり区公署は県政府となった(『清郷地区』)。吉林《きつりん》省檔案《とうあん》館が所蔵する「関東憲兵隊通信検閲月報」(関東憲兵隊が極秘で郵便を検閲した報告書綴り)のなかにも上海の蔣なる人物が准安の蘇又源《そゆうげん》なる人物に宛てた郵便の検閲内容が記載されているが、「県境に鉄条網を張り毎日五時以後に電流を流しているため感電して死亡する者が多数いる」と書いている（一九四一年七月二六日）。この手紙は押収されたため蘇又源には届いていない。

清郷工作の進展

蘇州地区では一九四一年五月に清郷委員会蘇州弁事処が成立し、第一期として七月一日以降呉《ご》、常熟《じようじゆく》、昆山《こんざん》、太倉《たいそう》の四県で清郷工作がはじまった。面積一八〇〇平方㌔、大阪府程度の広さである。封鎖距離一三〇㌔、一部に電流を流した鉄条網と二〇〇万本の竹を使って作り上げた竹矢来で周囲を封鎖し、日本軍一〇個大隊、汪政権軍一万二〇〇〇、警察部隊二〇〇〇で新四軍遊撃隊《しんしぐんゆうげきたい》と忠義救国軍（国民党戴笠《たいりゆう》系）の掃討作戦を展開した。新四軍は撤退していたので戦闘はなかったが、共産党地下組織が捜索の対象となり彼らは大きな打撃を受けた。この作戦の結果九月になると日本人が単身でこの地域で活動しても危険を感じないまでに治安が回復したという。

第二期は九月以降に開始され無錫《むしやく》、江陰《こういん》全体と呉、常熟の一部に及んだ。ここでも清郷工作は新四軍、忠義救国軍に大きな打撃を与え彼らはその力を失った。清郷部隊は保甲制度を整備し特別区公署を設置し、郷鎮長を任命して治安の確保に努めた。

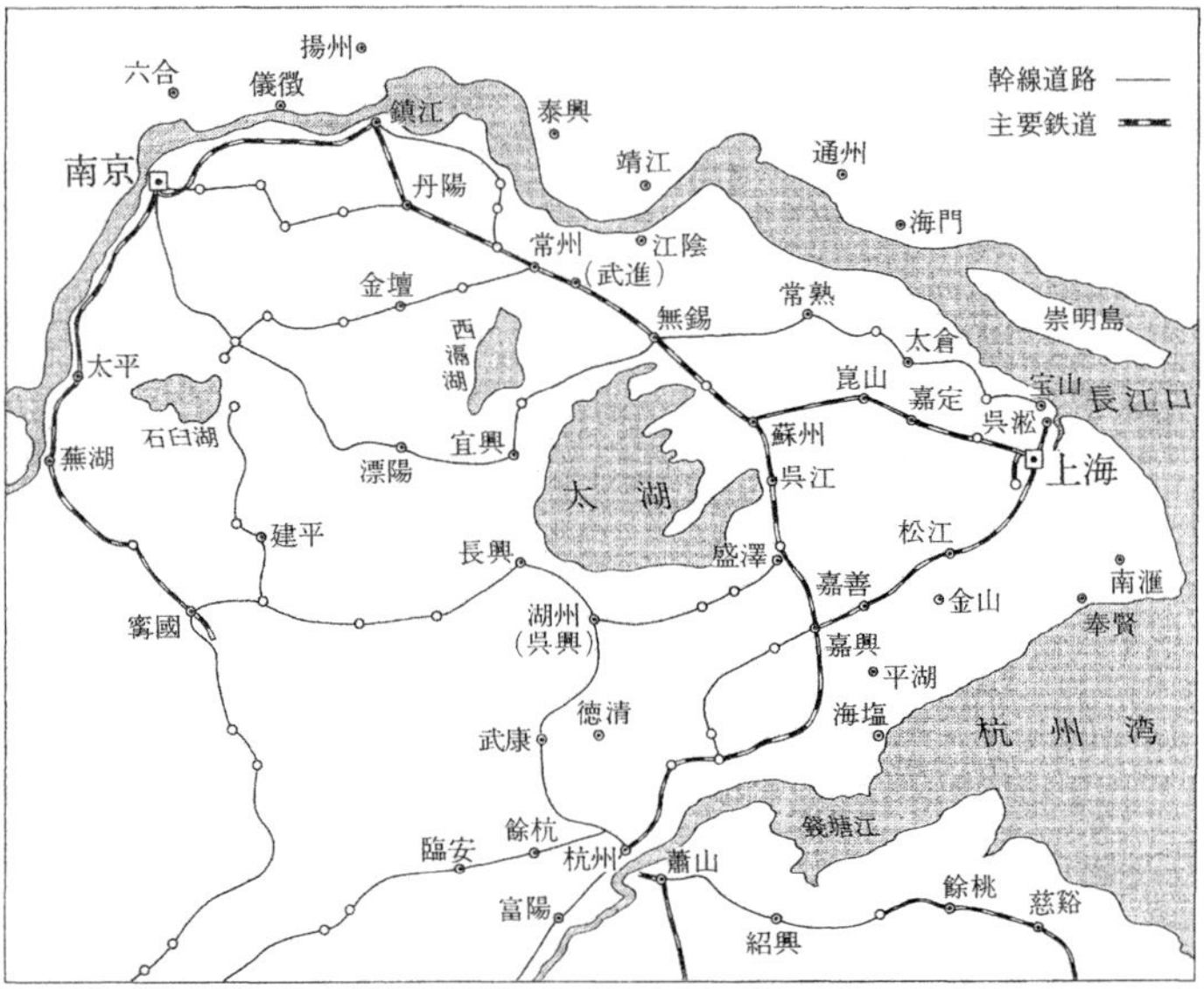

図15　江蘇・浙江・安徽省図

石浜知行は江蘇省の清郷地区の様子をつぎのように書いていた.「蘇州で米の收買の實際の話をしてくれた東興公司の加藤忠男君も常熟を中心にして農村に米の買付にいつても危険はないといふことを語つてくれた. 蘇州から常熟までバスで約4時間, 坦々たる石割道である. 翼京門外で下車して縣政府へ行く. 古野連絡官のお世話で森下連絡官補に案内してもらつて阜成門外から民船に乗つてクリーク傳へに約1時間で宋家村に行く. この民家でお晝の御馳走になる. 自家醸造の華酒に田舎の家庭料理をいただく. 生蝦の味ことによし. そこから又一里ばかりの山の中へ山桃をとりに行く. 山遊の多くの中国人諸君に混つて山桃を食べる. 山中とはいへ, まつたくの平和の桃源境であつた」(『清郷地區』より).

第三期は四二年二月から五月までで対象地域は江陰と武進《ぶしん》へ移った。第四期は鎮江《ちんこう》、丹《たん》陽《よう》で四二年三月から予定されていたが新四軍の反撃で実施できなくなった。

浙江地区では太湖《たいこ》東南から開始された。一九四二年七月一日に嘉興《かこう》に清郷弁事処と清郷特察専門公署が成立し活動を開始した。しかし李士群と他のグループの利権争いがあって事がうまく運ばず、一〇月から嘉善《かぜん》、嘉興、平湖《へいこ》、海塩《かいえん》、金山《きんざん》、松江《しょうこう》南部、海寧《かいねい》の地区を中心とした工作がはじまった。

鎮江地区では一九四三年三月に清郷主任公署が成立し、三月一〇日から鎮江、丹陽、楊《よう》中《ちゅう》の三つの特別区および武進《ぶしん》、無錫の一部ではじまった。面積は三二〇〇平方㌔、人口一九〇万人でほぼ鳥取県程度の広さである。工作の結果、治安が回復し賦税管理処を設けて徴税活動を展開した結果、清郷前の数十倍の賦税収入が得られたという。

蘇北地区では一九四三年四月一日に南通に蘇北区清郷主任公署が成立し四月一〇日から活動を開始した。地域は長江北岸の南通、海門、啓東、如皐の四地区、三六〇〇平方㌔であった。先の鎮江地域より若干広い地域である。この地域の封鎖距離は二三一㌔、使用した粗竹《あらだけ》五万八〇〇〇本、細竹三七六万本、竹紐《ひも》五〇〇〇㌔であった。

上海地区での清郷工作が開始されたのは一九四二年八月のことで、陳公博を清郷委員会上海分会主任委員にして活動を開始した。南滙《なんわい》、奉賢《ほうけん》、北橋《ほっきょう》の三地区ではじまった。四三年四月以降は工作範囲を崇明《すうめい》、嘉定《かてい》、宝山《ほうざん》の三地区に拡大した。

清郷工作の廃止

清郷工作は一九四三年五月二〇日に最高国防会議で廃止された。理由は清郷委員会秘書長李士群の横暴さにあった。彼は清郷工作が終了した後もその地域を江蘇省政府に返還しなかったため江蘇省政府は重要地域を失って有名無実となってしまった。やむをえず汪兆銘は李士群を江蘇省長兼任にせざるを得なかった。しかし清郷委員会廃止の声は政府内に拡大しはじめた。李をバックアップし清郷工作を進めていたのは軍事顧問の晴気慶胤であったが、四二年七月に北支那方面軍参謀に転出したため、李は有力な後ろ盾を失った。晴気は『上海テロ工作七十六号』のなかで「私の転任を一番寂しがったのは李士群だった」と述べているが、七十六号の生みの親が彼であってみれば当然だったかもしれない。晴気が華北に去るのと前後して四二年五月には影佐禎昭が第七砲兵司令官として「満洲」に転出した。ますます彼は孤立を深めていった。反李士群派の急先鋒《きゅうせんぽう》だった周仏海は五月二〇日の日記のなかで次のように記している。「最高国防会議に出席し、清郷委員会の廃止を決議する。人心大いに喝采であろうが、しかし随分と苦労したものである」。

清郷工作は廃止された。李士群への批判はいたるところで噴出していた。江蘇省長に留まったことが周仏海との対立を激化させ汪政権のなかでの孤立を深め日本軍との摩擦を助長した。五月一〇日の周仏海の日記は「某人を処分する件につき密談する。けだし某は悪行多論を極めており、これを処分すれば人心は必ず快哉を叫ぶであろう。ただ汪先生にそれをする気迫がなく決心を下せないことが心配である」と記している。四三年九月李士群は日本軍憲兵に毒を盛られて殺害された。周仏海の九月九日の日記は「李士群逝去の報に接し」と事務的に記述していた。

清郷工作の影響

では清郷工作はどのような影響を、蘇南を中心とした華中地域に与えたのであろうか。まずなんといっても大きかったのは新四軍に与えた打撃である。当時新四軍は日本軍と汪兆銘の動きに抗して急速に勢力を伸張していた。急速な勢力の延びは国民党の警戒を呼び起こし、四一年一月には両軍が衝突して皖南《かんなん》事件がおきている。国共対立のなかで同年七月から開始された清郷工作は新四軍に大きな打撃を与えた。前掲『清郷地区』は、工作の効果を次のように記述している。

蘇南の新四軍は清郷初期においてすでに実力の四分の一を喪失した。新四軍は主力および地方武装団を有してゐるのであるが、主力の動静当を失し主力は全く孤軍作戦のやむなきにいたり、かつ清郷の進展にともなふ環境の逼迫《ひっぱく》下にいたづらなる混乱をくりかへし、自ら損失をかうむるのやむなき状態である。

『私の支那紀行』のなかでも、常熟の村を訪れた作者の豊田正子は「日本が国民政府の後押しとなって、清郷という粛清工作が本格的に始められて、ようやく一周年だけれども今では一年前は匪賊《ひぞく》が出たというクリークに船を浮かべて、中国人の家でお昼ご飯を食べに来ることが出来るほど平和な明け暮れを迎えている」と記している。模範村を訪れたのだろうが、事の一面を反映している。

一九四二年二月に開催された中共華中局第一次拡大会議でも清郷工作の結果新四軍が少なからぬ打撃を受けたことを認めていた（古厩忠夫「日本占領地域の『清郷』工作と抗戦」）。治安の回復の結果、税収入が増加し、汪兆銘政権の財政状況が好転した。いまここに江蘇省における清郷以前と以降の財政収入の変化を記しておこう（表参照）。一九三九年から四三年までの総収入と総支出の変化である。
清郷工作が実施された一九四一年以降一〇倍近いスピードで急速に収支額が上昇し、税収入が増加していることがわかろう。隠し財産の摘発や税率のアップ、税種類の増加、過酷な取り立てなどが重なってこの税収の増加を生み出したといってよかろう。この時期から顕著になりはじめたインフレを考慮する必要はあるが、しかし清郷工作が生んだ一つの結果であることは疑いがない。

表1　財政収支状況（江蘇省）

年度	経常臨時総実質収入	経常臨時総支出
1939	3,324	3,319
1940	5,801	6,024
1941	8,949	8068
1942	94,950	64,560
1943	75,555	65,624

（単位：千元）

注：1943年は1月から5月までである。
（出典）『汪精衛国民政府“清郷運動”』

法幣問題

華中における日本軍の通貨政策は、汪兆銘政権の誕生によって大きく変化することとなった。汪政権が誕生する前までの日本軍の主要な通貨政策は、華北においては中華民国臨時政府の基幹銀行である中国連合準備銀行（連銀と省略）のもとで連銀券を流通させることであり、華中にあっては当初は日銀券と軍票（軍用手票）、中華民国維新政府誕生後は華興商業銀行が発行する華興商業銀行券（華興券）と軍票を流通させることだった。

日銀券・軍票・華興商業銀行券

一九三七年一二月、中華民国臨時政府が樹立されるが、翌三八年三月にはその基幹銀行として連銀が発足する。総裁は臨時政府財政総長兼任の汪時璟《おうじけい》。開行と同時に連銀は「円元等価」を宣言し「旧通貨整理弁法」を公布し、連銀券を国幣と定め、それまで華北に流通していた国民政府系銀行が発行してきた法幣を連銀券で回収する幣制統一事業に着手していった。日本軍は、連銀券の拡大を容易にするため三八年八月に法幣北方券の価値の一割引下げを、さらに一二月には三割引下げを断行し、あわせて占領地区の拡大を目指す軍事作戦を展開して幣制統一事業をサポートしていった。しかし一年後の三九年三月の事業終了時点で、その回収率はわずかに六％前後にすぎず、連銀券の使用されていた地域は都市と鉄道沿線に限定され、農村部は「法幣天国」として日本軍の支配の及ばざる地域として残されたのである。三三年六月から三五年六月までの三年間「満洲国」が実施した幣制統一が九七％の回収実績を記録したことと比較すると、その差は歴然としていた。以降日本軍は、連銀券の流通領域と非流通領域に分け、後者を「匪賊地帯」と命名して討伐作戦を展開していく。以降、連銀券と法幣は、農村部の解放区で中共が出す辺区券をまじえてお互いに競い合いながら華北で三つ巴《どもえ》の通貨戦を展開していった。

国民政府が発行する法幣と対抗したという意味では、華中も華北と同じであった。しかし華北にくらべ法幣の力が相対的に強い華中では、日本軍による幣制統一事業は見送られ、まず軍票流通政策が活発化した。三七年七月の戦争勃発直後日銀券を携帯し必要な軍費を調達していた日本軍は、一一月の杭州湾上陸作戦以降は軍票の使用に踏み切り、しばらく日銀券・軍票併用政策が続いたが、戦線の拡大、軍票使用量の増加とともに三八年一一月以降は軍票一本に統一する軍票一色化政策が強力に推進された。さらに三八年一〇月、日本軍はバイヤス湾上陸作戦を行ない、華南でも軍票を使用していった。

三九年に入ると、前年一二月に汪兆銘が重慶から脱出することで新政権樹立の動きが出てくると同時に、華北では連銀券による法幣駆逐政策が強行された。日本軍は三九年三月に輸出為替集中制を実施し、同年七月にはそれを全品目まで拡大し、さらに四〇年六月には無為替輸入許可制を実施するなど為替管理を強め、商品ルートを押さえて物資の確保に努めたのである。この結果一九四〇年を前後して連銀券は安定を示しはじめた。

三九年に入ると華中の通貨政策も新しい動きを示す。軍票に加えて三九年五月には新たに華興商業銀行が設立され華興券が流通を開始した。華興商業銀行は、軍の動きとはやや異なる興亜院決定「華興商業銀行設立要綱」（一九三八年一二月二九日）に基づき設立された。総裁には維新政府財政部長の陳錦涛《ちんきんとう》が、副総裁には正金出身で満洲中央銀行理事の鷲尾磯一《わしのおいそかず》が、理事には浙江興業銀行重役の沈爾昌《しんじしょう》、正金銀行門司支店長の海老原竹之助、中国銀行経理の戴克階《たいこくかい》、日本銀行参事岡崎嘉平太がそれぞれ就任した。もっとも初代総裁の陳錦涛は病気療養中で開行まもなく逝去したため、維新政府行政院長の梁鴻志《りょうこうし》が後を継いだ。したがって同行は維新政府の中央銀行的役割を果たしたのである。資本金は五〇〇〇万円（華興券）で、当初は英、米、蘭、伊、独、仏の銀行にも参加を呼びかけたが応えるものはなく、興銀、朝銀、台銀、三井、三菱、住友の日系銀行六行と維新政府が折半出資で発足した。維新政府出資の二五〇〇万円は三八年五月に上海海関を接収した際の、その海関接収金が充当された。

華興商業銀行は、維新政府の中央銀行として華興券を発行し国庫事務を取り扱うほかに普通業務も行なった。華興券は地金銀、外国通貨、外国預金などを準備金に、価値基準を国民政府の法幣と等価の対英八《ペン》ス《ス》におく兌換券《だかんけん》であった。当初は法幣と等価にすることで、法幣流通に依存しつつしだいにその流通領域を拡大し華中物資流通網に食い込んでいこうと目論んだのである。しかしこの思惑は法幣が予想に反して急落したことで水泡に帰した。

法幣の対英八《ペンス》は華興商業銀行が発足した一ヵ月後の六月に香港上海銀行が法幣の買支えを中止したことで六《ペンス》台に下がり、さらに八月には三《ペンス》台まで下落した。これに対し華興商業銀行は七月二〇日、法幣との等価関係を離れ、対英六《ペンス》を維持しつつ流通を図ろうとした。しかし開行したばかりで実績の乏しい華興商業銀行券は政府の支払い、輸出前貸し、関税納入といった業務に使用されるだけで、一般には使用されないままに僅かな流通額にとどまったのである。「華興券は朝に華興銀行の金庫を出て、夕方は全部銀行の窓口に帰ってくる、誠に几帳面な銀行券であった。やむを得ず、せめて他行の金庫に一夜なりとも夜遊びをしてほしいと日本側の銀行に頼んで廻る始末であった。併し日本側銀行といえども、そうそう資金を寝かせておく訳にはいかない。虹口の入口にある当総行のカウンターを出た華興券の札束は真っすぐガーデン・ブリッジを渡って、バンドの日本側銀行の出納室の窓口に入り、打ち掛けも帯も解かずそのまま我が家恋しく、当行の金庫に帰ってくる。他人に顔を見られることさえいとう深窓の生娘であった」（『華興商業銀行回顧録』）とは、かつての行員の皮肉をまじえた回想の記である。

軍票の撤収と中央儲備銀行

華興券の流通が一頓挫する一方で、三八年一一月以降の軍票一本化政策は急速に進行した。三八年一二月より行なわれ四〇年二月に強化された奥地軍票片交換制度（法幣を等価とする軍票売買のうち軍用売りの片取引のみ行なうことが許される制度）の結果軍票流通領域が奥地へと拡大し、軍票相場も安定を見せはじめた。三九年八月つくられた中支那軍票交換用物資配給組合（以下、単に軍配組合と省略）が活動を開始し、軍票に裏付け物資を供給する組織がつくられたことも軍票安定に寄与した。こうして四〇年後半になると日本軍のさまざまな軍票価値維持政策が功を奏し軍票相場は安定から上昇へと転じはじめた。さらに四〇年一二月には汪兆銘政権の基幹銀行として中央儲《ちょ》備《び》銀行（以下、儲備銀行と省略）が創設され、翌四一年一月には開業し、それまでの華興券に代って中央儲備銀行券（以下、儲備券と省略）が流通を開始し、華中の日本側通貨は軍票、儲備券の二本立てとなった。『周仏海日記』によれば、中央銀行準備委員会第一回会議が開催されたのは四〇年五月三日のことで、ここで名称を儲備銀行とすること、双十節《そうじゅうせつ》（一〇月一〇日）に正式に成立させることを決定したという。その後の周の日記を見ると、五月三一日には中央銀行準備委員会を召集し通貨政策と重要法規

図16　元華興商業銀行ビル
黄浦江沿いの中山路にある．

図17　支那派遣軍経理部上海出張所
軍票の価値維持工作を行なっていた場所．上海呉淞路にあった．

図18　中央儲備銀行

を決定したものの、事務的にはなんらの進展もなく双十節には間に合わない恐れありと記している。しかし七月一九日になると問題の解決の目処《めど》は立ち「今後の難題は人事配置」だと述べている。八月一八日、中央儲備銀行発行の新法幣の見本完成。九月一六日になると双十節までには成立は間に合わず「一ヵ月は遅れざるをえない」と判断している。

一九四一年一月六日、南京に中央儲備銀行開行。資本金一億元。全額国庫支出。総裁には汪兆銘政権の財政部長周仏海《しゅうふっかい》が就任した。『周仏海日記』四一年一月六日には「七時起床。中央儲備銀行へ行き開業式典を行なう。思うに、五月一日（三日ではないか―引用者）、第一回準備会議を行なった時、本行は必ず成功すると同志に告げたものの、当時の状況を目にして、内心実に不安だった。今ついに大成功を収めたことは、誠に天はみずから助くるものを助くというべし。内外からの来客が多く、九時に式は終了」と記している。その後の彼の日記を読むと儲備銀行と財政部を往復する多忙な執務生活が記述されている。

しかし発足半ば過ぎた八月二日の日記で周仏海は「木村顧問を招き、発行準備問題を協議した。中央儲備銀行の通貨準備は一億一千万しかないのに、発行額は既に八千万に近く、さらに三千万を発行すれば、もはや充分な現金準備がなくなる」と記している。

儲備銀行は四二年三月三〇日に儲備券の対法幣等価切り離しを宣言し、六月一日から旧法幣回収に着手した。当初一日に公布し八日から交換を実施する予定だったが、デマが飛び交い預金引き出し者が銀行に殺到する事態が出て、「早めに実施しなければ、多くの銀行が預金引き出しのために倒産する恐れがあるので、一日より実施することに昨日（五月三〇日—引用者）決定した」と周は三一日の日記に記した。

四二年六月末の法幣回収額は上海で八億四〇〇〇万元、奥地で二億九〇〇〇万元、四一年末の法幣流通額は上海二三億元、奥地三〇億元だったことを考えると、その回収率は上海四割弱、奥地一割弱にとどまったのである。

一九四三年三月末には軍票の新規発行が停止され、それに先立つ三月一五日には「上海、南京ノ二特別市及ビ江蘇、浙江、安徽三省ノ地域内ニ於ケル、一、重要物資ノ蒐買配給二、国内各地域ト華北、華南トノ物資交易　三、輸出物資ノ供出　四、輸入物資ノ配給五、軍需物資ノ蒐買等ヲ一元的ニ統制スル」目的で全国商業統制総会（商統総会）が結成された。これは行政院直属の中国法人の民間自治団体であり、最初の行なった事業は綿花綿布の強制買い上げであった。軍票が発行停止され、儲備券で一本化されるとともに商統総会が物資統制の前面に出るということは、日本軍に代って汪政権が華中経済の責任主体となることであり、物資統制の責任を負うことを意味していた。もっとも儲備券と華北の連銀券との交換比率を一〇〇元対一八円としたため周仏海の言によれば「上海の連銀券はこのため大幅値上がりする」結果となり、彼が「声明を発表することで事態を説明し、上海の金融及び人心を安定させることを決め」ざるを得ないという混乱も生じた。

しかし一九四三年半ばになると儲備券インフレの傾向が現れ、中央銀行総裁の周仏海もその事実を認めざるを得なくなった。彼は四三年七月三日の日記のなかで「中備券（儲備券の意味―引用者）の発行はすでにインフレの勢いを呈しており、そのなかでも日本側の借用によるものが非常に多いので、日本より金塊その他の物資を輸送して、価値の維持に努めるよう（日本に―引用者）希望する」状況だった。彼は大東亜会議出席のため日本に行った際、日本銀行大阪支店を訪問するが、「中には金の地金が沢山貯蔵されており、およそ百四十余トンとのことである。わずか一支店でこれだけ巨額に保存されているのに、今回中国に運ばれる二十トンは売りに出されるものであるにもかかわらず、大蔵省はけちって応じようとせず、青木大臣が頑張ったからようやく実現したものであるが、まったくケチなことである」(四三年一一月一四日)とも記述している。

一九四五年に入り独伊枢軸側の敗北の報が入りはじめると儲備券インフレは極度に進行した。「百ドルから二百ドル、五百ドル、一千ドルと、次から次へとより高額の儲備券が乱発され、最後には一万ドル札が出たが、その肝心の購買力は紙幣の紙代や印刷代にも及ばぬこととなった。商人達は毎日正札のつけかえに忙しかった。一桁、二桁、三桁、四桁と数字がはねあがっていった」(『上海通信』)。これが上海の最後の断末魔の姿だった。この点はエピローグでふたたびふれよう。

民衆動員組織

新民会

日中戦争中の日本占領地では中国民衆をどう戦争体制に巻き込むかが重要課題となった。そうした民衆動員組織としては、華北の中華民国臨時政府のもとには新民会が、華中の中華民国維新政府のもとには大民会がそれぞれ組織された。大民会は汪政権のもとで最終的には東亜連盟中国総会へと継承された。

系譜としては、いずれの組織も一九三九年一〇月に日本で結成された東亜連盟協会（以下、東亜連盟と記す）と深いかかわりあいを持っている。東亜連盟の発足時の責任者は国会議員で、農民運動の指導者の一人、東方会に所属していた木村武雄だが、その背後には日中戦争不拡大派で当時関東軍参謀副長だった石原莞爾《いしわらかんじ》が控えていた。東亜連盟の設立趣旨は、翌一一月一日に決定された趣意書に明瞭に謳《うた》われている。趣意書はいう。「東亜連盟ハ一個文化団体トシテ東亜連盟主義ニ基ク文化運動ノ展開ヲ任務トスル。連盟運動ノ究極ノ目標（としては）昭和一三年一二月二二日ノ近衛《このえ》声明ノ趣旨ヲ速カニ日本全国民ニ普及理解消化セシムルト共ニ、中華民国国民ヲシテソノ真意ヲ諒解セシメ、東亜諸民族ノ提携強化ヲ促進スル基礎ヲ確立シナケレバナラヌ」と。いわくこの団体は政治団体ではなく文化団体であり、三八年一二月の近衛三原則の宣伝とその実現をめざす国民運動団体であるというのである。東亜連盟組織は、木村たちの活動の結果、東北の農村を中心に全国へと組織の網を広げていった（『帝国という幻想』）。

しかし実践的な運動という意味では、この組織は日本国内よりは華北、華中の日本軍占領地での動きのほうが注目された。華北では王克敏《おうこくびん》を行政委員長に中華民国臨時政府がスタートした一〇日後の一九三七年一二月二四日に新民会が王道思想による民衆教化組織として北平《ペーピン》に発足している。この組織には石原莞爾と親交をもつ元満洲協和会の小沢開作《おざわかいさく》（音楽指揮者小沢征爾の父親）や元満洲国外交部の部長で初代協和会理事だった張燕卿《ちょうえんきょう》、日本帰りで東亜連盟運動に共鳴していた繆斌らが参加していた。小沢や張らが「満洲国」から北平に来たのは、協和会が関東軍の手に握られて彼らが活動する余地がなくなったためであり、そこには関東軍内での東条英機《とうじょうひでき》と石原の確執《かくしつ》が投影されていた。

しかし三九年九月東条と通じる安藤紀三郎が華北に派遣され新民会を改組し、軍のコントロール下に置く動きを見せると、四〇年五月に繆斌らは新たに中国東亜連盟協会を北平に発足、中国文の機関誌『東亜連盟』を創刊させ東亜連盟運動を展開する。発足にあたり、繆斌は、東亜連盟本部に書を送り「国防の共同」「経済の一体化」とともに「政治の独立」を強調し、「この点は中国人民が最も希望する所のものである」としたうえで「和平の成功と否とは、総じて和平政府の有力と否とに在り、和平政府の有力と否とは日本の放任か否かの断にあるのである。二年半の新政権は現在に至るも力量を充実してその後盾とすることが出来ないが、これ実に吾人の最も惋惜する所である。日本朝野の注意を望む所以である」（『東亜連盟』二巻七号）と述べていた。日本軍の中国側組織への干渉を批判する文書を送るとすれば東亜連盟本部以外になかったというのが当時の実態であったが、さりとて受けた東亜連盟本部がそれに積極的に応じたかといえばさにあらず、機関誌を通じて声明文を発表する以外のてだては取れなかった。

華中でも同じような動きが見られた。三八年一月、日本占領下の上海で興亜会という名の民衆「教化」団体の結成が準備された。興亜会は上海を中心に組織されたが、会員のなかに「不良分子」が含まれており評判が悪かったため、結成ほどなく解散した。中華民国維新政府発足四ヵ月後の三八年七月には日本軍のバックアップで新たに大民会が組織された。

一、民徳主義を振興実践し新中国国民精神を確立する。

二、政教（政治教育）を普及し民情を上達する。

三、生活を革新し民力を強化する。

四、中日が提携し東亜の自主興隆を図る。

をスローガンに公称会員一五万を組織して出発した。当初は会長空席だったが三九年九月以降総裁制を採用、維新政府の梁鴻志と温宗堯の二人が新総裁に、温が会長を兼任するかたちで活動を開始した。本部を南京に置き、経費は自前負担となっていたが、実態は維新政府の県公署や日本軍特務機関がバックアップし、その額は七〇〇〇〜八〇〇〇〇元から一万五〇〇〇元に達したという。三九年五月前後の時期の会員数は約一五万、一三連合支部、四〇支部と称し（『維新政府組織の概要』）、四〇年六月にはそれが九連合支部、九〇支部、準備中六支部となり、会員数一四万六六〇〇と称していた（『大民』）。この団体は、大民会の掲げるスローガンが、「維新政府綱領の要旨と完全に符合する」（『大民会与中国』）と述べていたように、日本軍と維新政府の別働隊の感があった。

ところで、こうした大民会の動きとは別に、一九四〇年三月の汪兆銘政権の発足以降は東亜連盟と連携した組織が発足している。

東亜連盟中国総会

四〇年九月に広東省政府教育庁長林汝珩《りんじょこう》を会長に、政治の独立、経済提携、軍事同盟、「民族ノ独立自由平等」を綱領に中華東亜連盟協会がスタートする。この発足式には日本から木村武雄、渋谷悠蔵、三輪正一といった東亜連盟の幹部が出席した。続いて同年一一月には南京に「政治独立」「経済合作」「軍事同盟」「文化交流」をスローガンに東亜連盟中国同志会が発足したが、これには汪兆銘を筆頭に陳公博、周仏海、梅思平、林柏生、丁黙邨ら南京国民政府の主要メンバーが参加していた。これらの組織は四〇年一二月に東亜連盟中国同志会に一本化され、さらにこれが四一年二月には東亜連盟中国総会へと発展的に解消された。

東亜連盟中国総会会長は汪兆銘で、常任理事には陳公博、温宗堯、陳璧君、陳群、徐《じょ》良《りょう》、諸青来、趙毓松の七名が就任し、理事には鮑文樾を筆頭に三九人、理事会秘書長には周仏海がそれぞれ任命された。ここでも周仏海が事務部局の要《かなめ》のポジションを占めている。理事組織は指導委員会、宣伝委員会、文化委員会、社会福利委員会の四部から構成され、それぞれの委員会の主任には梅思平、林柏生、繆斌、丁黙邨が就任した。理事会秘書長の周仏海は四一年二月一日の日記のなかで、「午後、東亜連盟総会の創立会に出席。東亜連盟が成立されれば、今日は実に歴史的に記念すべき一日となろう」と記し、二月一九日の日記では、ごく短く「東亜連盟第一回常務理事会に出席」と記述しているだけである。

常務理事会の活動内容は資料不足で明らかではない。しかし彼らが一九三九年一〇月、日本で産声をあげた東亜連盟協会の掲げるスローガン、「国防の共同」「経済の一体化」「政治の独立」という三条件に深く共鳴したことは疑いない。汪が重慶を脱出して以来、一貫して彼が日本政府と交渉していたのが先の三条件の実現だったことを考えれば、汪政権の設立と前後して東亜連盟中国総会が設立されたのは不思議なことではない。日本政府との交渉に明るい展望をもてなかった汪が、最後に期待をかけたのが日本の東亜連盟協会であり、中国での東亜連盟中国総会であった。したがって東亜連盟中国総会の下部組織は汪政権の地方行政組織と表裏一体であり、それゆえに統治機構の枠を超えた運動の広がりを想定することは困難だった。朝日新聞本社中支特派員から東亜連盟中国総会の囑託に就任した太田宇之助は、「中国側から報酬を受けるようになって複雑な感慨を味わった」としたうえで、「東亜連盟問題に関する現実の仕事は殆《ほとん》ど無く、その代わりに外交、教育、宣伝方面で関連官吏からいろいろの情報やら訴えが持ち込まれた」（『生涯』）と述べていた。

さらに占領地での日本軍人の横暴や略奪行為などを見なれた中国人の目からは、東亜連盟のスローガンは現実性を持たなかった。たとえば東亜連盟創立以来の幹部の一人である野口伝兵衛は、四〇年二月に命を受けて北平を訪れているが、そこでの中国人の生の声として「東亜連盟などといつて来ても、中国人は全く信用しない。寧《むし》ろ反感が先立つ。従来日本は屡々《しばしば》東亜新秩序建設とか、東亜共同体とか立派なことをいつても、現実には相反することが多い。故に東亜連盟の結成などといつても之《これ》と同様で畢竟《ひっきょう》帝国主義のカモフラジュではないかと、一般の中国インテリは考へざるを得ない」（『東亜連盟』第二巻第四号）という意見を紹介している。言動不一致が生む日中間の不信が両者に深い溝を生んでいることがわかろう。東亜連盟の運動もその例外ではなかったのである。

新国民運動

東亜連盟運動と呼応して汪側の提唱した運動が「新国民運動」であった。これは一九四一年一一月に汪国民党第六回大会四中全会で決定されたもので、当初は「清郷《せいきょう》工作」の一環としての「思想清郷」の役割を持っていたが、一ヵ月後の太平洋戦争勃発により「大東亜戦争」支持のための精神総動員運動へと転換されていった。

翌一二月末の中央委員会は「新国民運動綱要」を決定した。四二年一月一日に汪はその要綱を公表すると同時に、日本向けのラジオ放送で、「大東亜戦争支持」を呼びかけた。汪はこの「綱要」のなかで以下のように言う。新局面のなかで新国民運動がなければ東亜防衛の責任を果たすことはできない。新国民運動の真髄は三民主義の原点に立ち返りその実現を果たすことである。いまなお三民主義が実現できないのは、三つの条件が不足しているからだ。一つは大アジア主義を忘れ民族主義を実現していないこと、二つには民主集権制度を軽視して個人独裁を許し、民権主義を実行していないこと、三つには国家資本の発達を重視せず、民生主義を実行していないこと。国家資本の発達は私的資本を抑えることになるので、共産主義者の階級闘争論や英米の経済侵略を否定することになるのだ。したがって国家資本の発達こそが民生主義の重点となる、と述べた。

そしてこの三点から着手するにはまず国家に対する「滅私」の「新精神」が必要である。団結、規律、科学、生産増強、節約、不正の一掃、これが「新精神」の内実であり新国民運動なのである、と述べた。

さっそく汪政権の中央宣伝部は「全国新国民運動推進計画」を策定し、第一期は宣伝、第二期は訓練、第三期は普及と、三期に分けて実施することを決定するとともに汪は、二月一〇日のラジオ演説で「新国民運動与精神総動員」（新国民運動と精神総動員）をよびかけた。また三月二八日の記者会見で、日中戦争が拡大して「大東亜戦争」になってからは「和平運動」が求めるものは日中協力の「東亜共同防衛」となり、汪政権の当面の課題は日本の「大東亜戦争」遂行を支持することである、と語った。また新国民運動、東亜連盟運動、清郷工作は三身一体との談話を発表した。

六月二日の行政院例会は新国民運動促進委員会の成立を決定し、汪兆銘自らが委員長に就任した。事務局は南京におかれ青年運動、社会運動、農業合作の三処が設置された。分会は上海、漢口《かんこう》、浙江《せっこう》、安徽《あんき》、広東《かんとん》等に設けられた。組織訓練の重点を青少年に絞った点がこの運動の一つの特徴だったが、これは別に汪兆銘の発案ではなく、ドイツや日本の戦時体制期の青年の組織化とその運動を模倣したものにすぎなかった。ドイツでは一九三六年の「ヒトラー・ユーゲント法」により官製の青年運動組織が作られていたし、日本でも、大日本連合青年団や女子青年団等が一九四一年までに大日本青少年団に一本化され、目標もそれまでの自主的な修養と奉仕から国策への無条件服従へと変わった。汪政権も一〇代から二〇代の青少年男女のイデオロギー的組織的把握を目指したのである。

七月四日の第一回促進委員会で「新国民運動青年訓練要綱」「第一期組織計画大綱」「中国青年模範団組織原則」「中国童子軍組織原則」などが決定された。次いで七月九日の中央政治委員会では「国民実施訓練案」が可決され、青年団と童子軍は国民訓練機構として各地に設立されることとなった。同「訓練案」と関連して次のような政府訓令が出た。

本年元旦頒布した綱要に基づき、精神物質両面に置いて、国民全てに訓練を実施する。

また、全国に青年団と童子軍を設置して、訓練機構とする。……国民すべては最大限努力して、国家と東亜に対する使命を肩に背負い、この二つの運動を積極的に推進して成功に導かねばならない。

ここでいう二つの運動とは言うまでもなく「新国民運動」と「東亜連盟」運動である。青年団と童子軍はいずれも学校訓練で、中学生以上は青年団に、小学生は童子軍に属し教育部（地方は市長と省教育長）の指導監督を受ける。そして青年のなかから特に優秀なものを選抜して作られた青年模範団は汪が特に指定した者（たとえば林柏生）が指導し、中央に直属した。

こうして一九四二年夏、促進委員会は南京や上海などの学生四五名を選抜し模範団による夏期訓練班を構成し、三週間にわたる訓練を行なった。また、青年団も同じ時期に東亜連盟と新国民運動の理論学習を行なった。汪兆銘自身も四二年八月一六日には夏期訓練班の卒業式に出席して講話を行ない、四三年夏には講師となって集中合宿で「新国民運動綱要」の講義を行なっている。

この運動に対する日本軍の関心は高く、特に模範団に深い関心を寄せていた。

一九四三年一月一日、汪兆銘は「今年新国民運動之重点」（今年の新国民運動の重点）と題する講演を行ない、今年の運動は次の三点に精神を集中すべきであると述べた。三点とは、「大東亜戦争」に協力する、治安を確保する、そして生産増強であった。

汪政権は四三年一月一五日に対英米に宣戦布告する。これと共に新国民運動は拡大し青少年の集中訓練のみならず、その対象は政府公務員や学校教師にも及んでいった。ただしこれ以後のことは残念ながら資料不足で十分な追跡は不可能である。しかし四四年から四五年にかけての日本の敗北の道と混乱が何をもたらしたかはおおよそ推察がつく。「総体的に見て、汪政権がせっかく知恵を絞った新国民運動は予期した効果を収めることはなかった。占領区の広範な民衆が汪政権の〝新国民〟になりたくなかっただけでなく、たとえ各クラスの漢奸であっても日本敗北が目に見えてからは〝協力〟など望まず、自分たちの出路を探した。一時を喧噪《けんそう》に巻き込んだ〝新国民運動〟はまもなく功なく果て、全く形を潜めてしまった」（『抗戦時期の偽政権』）という評価が妥当なところだろう。

日米開戦と汪兆銘

汪政権の外交政策

汪政権承認国

前述したように、一九四〇年一一月三〇日、日華基本条約が正式に調印され、日本政府は汪政権を承認した。「満洲国」も期を一にして汪政権を承認した。その後ドイツ、イタリア、ルーマニア、スペイン、ハンガリー、デンマーク、クロアチア、スロバキア、ブリガリア等の国が相次いで汪政権を承認した。ルーマニア以下の国々はいずれもドイツ、イタリアの衛星国家だった。彼らは「日独伊防共協定」もしくは「日独伊三国同盟」に参加したあと英米に宣戦を布告し、四一年七月の独・伊の汪政権承認を前後して各国いっせいに承認している。

たとえば、ハンガリーは一九四〇年一一月二〇日「日独伊三国同盟」に加入、四一年六月に対ソ宣戦布告しているし、ブルガリアも四一年三月に「日独伊三国同盟」に加入、英米に宣戦布告している。ルーマニアも四〇年九月枢軸《すうじく》側に参加、ハンガリーと同じく四一年六月対ソ宣戦布告している。

クロアチアは四一年四月独立国家宣言を行なったが、ヒトラー、ムッソリーニに承認された傀儡《かいらい》国家であった。スロバキアも三九年三月ドイツの保護下に入った衛星国だし、スペインもフランコ体制のもと三九年三月に「日独伊防共協定」に参加している。

東南アジア地域で汪政権を承認したのは、当時数少ない独立国だったタイである。タイは四一年一二月に、日本と軍事同盟条約を結び、翌年一月に英米に宣戦布告したが、英は応じたものの米は無視した。四二年六月一九日、汪側はタイが汪政権を承認したことを日本の外務省を通じて知ったが、タイが正式にそれを表明したのは同年七月七日であった。

デンマークの場合は当初重慶の蔣介石政権を支援してきたが、四〇年一月ドイツに占領されると、次第に態度を変えて枢軸国寄りとなり四一年八月には汪政府と「満洲国」を承認した。

フランスの場合は一層複雑だった。一九四〇年四月二日、フランスのレノー首相は駐仏大使顧維鈞《こいきん》と接見し、汪政権不承認を通知したが、六月一六日、レノー内閣は総辞職し、代わったペタン内閣は翌一七日、パリ駐在スペイン大使を通じ、ドイツに降伏の申し入れを行なった。同政権はそれ以降しだいに日本への対応を変えはじめた。ヴィシーのペタン政権は日本と一九四〇年八月三〇日に北部仏印進駐に関し公文書を取り交わした。また翌年七月二九日、日仏共同防衛議定書に調印した。これにより、日本は中国侵攻に関連してヴィシー政府からインドシナ南部に進駐する許可を獲得した。しかし、日本の南部仏印進駐はアメリカの対日石油輸出完全禁止を引き起こし、日本の対米戦争突入を決定づけた。この段階までは、まだヴィシー政府は重慶国民政府と国交関係があった。重慶の国民政府がヴィシー政府に外交関係断絶を宣言したのが一九四三年八月一日であった。日本の中国侵略に対する便宜供与が理由である。一九四三年八月九日、汪兆銘は南京国際飯店で開いた茶話会に日本、イタリア、ドイツ、「満洲国」、ヴィシー政府の各大使を招待していた。

これらの国に「満洲国」を加えると確かに一つの世界ができあがる。そのうえ汪政権自体、一九四一年一一月の「日独伊防共協定」五年延長時に、「満洲国」、スペイン、ハンガリー等とともに「加入には疑義はありえない」として、褚民誼外交部長はドイツ駐南京大使に汪政権が同条約の調印国になる宣言を通知した。一一月二五日、汪兆銘、ヒトラー、褚民誼、リッベントロップは互いに祝電を贈りあった。

初代の駐日大使は褚民誼（日本大使は本多熊太郎《ほんだくまたろう》）、次が徐良（一九四一年一〇月―）となる。一九四〇年一二月三一日、第四〇回行政院会議は廉隅《れんぐう》を駐「満洲国」大使に任命した。一九四一年一月一五日、「満洲国」大使呂栄寰《ろえいかん》が国書を携えて南京にやってきた。駐独大使は李聖五、駐伊大使は呉凱声《ごがいせい》、駐西大使は王徳炎《おうとくえん》、駐ルーマニア公使は李芳《りほう》がそれぞれ任命され、呉凱声はクロアチア公使も兼ねたが、いずれへも着任したことはなかった。

汪政権不承認国

逆に還都式典が挙行された一九四〇年三月三〇日に重慶の国民政府は、「中華民国国民政府」を僭称《せんしょう》する南京の汪政権は日本の軍閥がつくり、支配している傀儡であり、日本はこの組織を利用して中国の主権を奪おうとしている、しかし南京汪政権あるいは中国に存在するその他の親日政権のいかなる行為も完全に無効であり、中国政府および中国人民は絶対にこれを承認しない、として各国が中国領土内の日本の傀儡組織に法的または事実上の承認を与えることがないよう、声明した。

汪政権不承認を早期に表明したのはアメリカである。一九四〇年三月三〇日にハル国務長官は引き続き重慶国民政府を中国の合法政府と認める旨の発言を行なった。イギリス政府も同様だった。日本側は三九年の後半から汪政権樹立をほのめかしてその承認を求めていたが四〇年一月英国政府は下院で重慶政府を中国での唯一の合法政権とみなすと表明し、四月三日に英下院で外務次官が「イギリス政府の汪組織不承認の態度に変化なし」と言明した。英外相は上院で「重慶国民政府を中国の合法政府として承認している」と述べた。五月チェンバレン内閣が総辞職しチャーチル率いる挙国一致内閣が成立するが、外務次官は下院で「引き続き九ヵ国条約の原則を遵守《じゅんしゅ》し、中国の汪組織は承認せず」との態度を堅持していた。ソ連については、四〇年一二月六日にモスクワの中国大使館から中国に対するソ連の政策は不変との公電が重慶に打たれた。またヴィシー政権と外交関係を断絶した重慶の蔣国民政府は、これに替わってアルジュ・フランス解放委員会を承認し、代表を重慶に常駐させた。

参戦経緯　一九四一年一二月八日、日本は太平洋戦争へと突入するが、この日米開戦の決定は事前には汪兆銘政権には知らされていなかった。汪兆銘は当日六時に影佐禎昭《かげさ》が来訪、英米への宣戦布告を聞いてはじめて事態の変化を知ったというし（『汪精衛生平紀事』）、周仏海《しゅうふっかい》も朝の四時ごろかすかに砲声を聞き、六時飛行機の旋回音を聞いて、異常を感じていた六時半ころに、日米開戦の情報に接したという（『周仏海日記』）。いずれも戦争勃発までは蚊帳《かや》の外に置かれていたわけだ。汪兆銘にとって日本の対英米開戦は予想外のことだったらしく、当時汪政権の実業部次長だった袁愈佺《えんゆせん》の回顧によれば、報に接した汪は真っ青になり、半日間部屋に閉じこもりっきりで（『戦時華中の物資動員と軍票』）、まったく平静な態度を失っていたという（『同生共死の実態』）。

汪政権内部でも日本の対英米開戦には疑問の声も多く、これにどう対応するかについては統一見解はなかった。しかし汪政権の中枢にいた周仏海は、重慶政権が対日参戦しているのなら、汪政権も対英米宣戦布告をする必要がある、と主張していた。彼には参戦によって政権を強化しようという思惑が働いていた。四二年七月に周仏海は、汪政権の中国占領地での儲備券による幣制改革事業への日本の協力に謝意を表明すべく日本を訪問した際、「参戦の意志あり」という中国側の意向を日本側に伝えている。その後も再三にわたり中国側は日本に参戦の意志を伝えている。かくまで汪兆銘政権が参戦にこだわったのは、参戦の代償に租界回収、治外法権撤廃を日本から引き出し、自己の立場を有利にしたかったからである。しかしこのときは重慶政権との和平の障害になるという理由で、日本側は同意していない。

一九四二年九月二二日、平沼騏一郎《ひらぬまきいちろう》、有田八郎、永井柳太郎《ながいりゅうたろう》の三特使が南京を訪れ、汪政権と会談し、海南島租借、華北、蒙疆《もうきょう》の独立、戦争遂行にともなう物資などの提供について協議した際にも汪兆銘は参戦希望を表明したが、平沼は、このことは廟議《びょうぎ》未決定であると答えた。

しかし一〇月二九日の連絡会議は汪政権の対英米参戦希望を容れた。しかし参戦時期については「敵産処理、日支関係の調整、日支提携強化」等の懸案の解決後、あらためて決定することにした。一一月二七日にいたり連絡会議で、汪政権の参戦は明年一月中旬の適当なときに布告することが決まった。

日本政府のこの態度決定の要因は何か。最大の理由は、日本が汪政権の力を借りて戦局の打開を図りたかったこともあるが、重慶の蔣政権との和平を断念したことも大きかった。重慶政権が対日宣戦布告をしているのなら汪政権も対英米宣戦布告をするこ

図19　東条英機と汪兆銘

1942年12月19日汪兆銘は周仏海，褚民誼，周隆庠に日本側顧問を伴って空路南京から福岡に向かって飛んでいる．翌20日福岡から空路羽田入りをし東条英機総理以下主要閣僚と面談している．12月26日羽田より空路福岡に飛び1泊，翌日福岡より南京に帰還するまでの約1週間，汪一行は日本の陸海軍首脳・財界・政界首脳らと意見を交換する傍ら22日には皇居で天皇に拝謁し，23日には明治神宮，靖国神社を参拝している．25日東条英機と会談し「参戦問題」について意見交換を行なっている．その日の晩には「日本国民に告ぐ」というタイトルでラジオ放送も行なっている（『汪精衛生平紀事』）．

とで局面打開を図る必要があるという周仏海の意見がクローズアップされてきたわけである。

これに基づき、汪政権は対英米宣戦布告文および日中戦争協力宣言文、治外法権撤廃、租界返還、敵産処理等に関する協定案、国防会議結成の検討に入った。

汪政権の対英米宣戦布告は四三年一月一五日に予定されていたが、情報がもれて重慶政権が対応を急いでいるとのことで、急遽九日に変更された。

参戦　一九四三年一月九日汪政権は英米に対して宣戦を布告し、「日華共同宣言」に調印、この目的完遂のため日本との軍事上、政治上、経済上の完全協力体制を「不動の決意と信念」をもってつくることを宣言した。日本政府と「満洲国」政府は汪政権のこの「宣言」を支持する声明を出した。この日、汪政権はさらに「日本の在華租界返還、治外法権撤廃について」に調印した。

こうした日本と汪政権の動きに呼応して中米関係でも具体的動きが表面化する。四三年一月一一日、蔣重慶政府駐米大使魏道明《ぎどうめい》はワシントンでハル国務長官と「アメリカの在華治外法権の取り消し及び関連問題に関する中米の条約」に調印した。また同日、蔣重慶政府代表宋子文《そうしぶん》は英国代表と会見し「イギリスの在華治外法権及びその関連特権取り消しに関する中英の条約」に調印した。この結果一九四三年一月これまで一〇〇年続いた中国での不平等条約体制は基本的に終りを告げた。蔣介石は米大統領ローズベルトと英首相チャーチルに感謝電を送り、宋子文も米国務長官ハルと英外相イーデンに感謝電を送った。ただ、イギリスは香港と九龍《クーロン》に対する主権は放棄しなかった。放棄を強く求めたアメリカとの間で摩擦を引き起こしたが、チャーチルはアメリカの圧力を撥ね退けた。周知のようにイギリスが香港と九龍を中国に返還したのは一九九七年のことである。

汪政権も租界接収事業に着手する。汪政権が外交部長褚民誼を長とする「接収租界委員会」と「撤廃治外法権委員会」を設置したのは二月九日で、これ以降日本は租界返還事業をしはじめ、八月一日の上海共同租界の返還をもって終わりを告げた。当日、汪政権は南京西路で租界返還慶祝民衆大会を開き、そこで汪兆銘は「以罪己精神猛策自己」(自省の精神をもって自己を鍛えよう)と題する訓話を行なった。上海の共同租界区は第一区と改められ、新たに設けられた第一区公署長には陳公博が就任した。日本に続いてイタリア、仏ヴィシー政府も租界返還、治外法権撤廃を声明し、日本と同様の条約を汪政権と締結した。

周仏海はこの日の日記のなかで「本日、共同租界を接収する。百年来、英、米等の中国経営の根拠地がこれで消滅し、租界は歴史上の名詞となったのである。和平運動の成否は固より将来の問題に属するが、歴史に対して一つの結末をつけたことになる」と述べ、参戦目的はここにあり、和平運動の一つの成果であるとも記している。

四三年一月一〇日周仏海は地方行政長官会議に出席し生産増加、治安強化、新国民運動を提唱し、一五日にはラジオで「中国の参戦問題の釈疑」を放送、汪政権が対英米参戦にふみきったのは日本の強要ではなく汪政権の自主性にあると言い、「金あるものは金を、力あるものは力を」と呼びかけた。また汪も一月一四日の国民党六回大会五中全会で「大東亜戦争」参戦の必要性を強調し「参戦擁護、打倒英米」の講演会、デモ行進を組織した。汪政権は南京、武漢、上海、蘇州、蚌埠《ほうふ》、徐州などで「参戦後援会」を相継いで成立させ、参戦募金運動を展開した。江蘇省では清郷《せいきょう》地区に献金額を割り当てたが、呉県一六万元、無錫《むしゃく》一三万元、武進《ぶしん》一〇万元、常熟《じょうじゅく》一〇万元、昆山《こんざん》・松江《しょうこう》八万元、太倉《たいそう》・江陰《こういん》・呉《ご》江《こう》・青浦《せいほ》・嘉興《かこう》七万元であった。参戦支持の証として清郷各県は応分の負担を余儀なくされたのである。

汪政権参戦の課題は、兵力を出すことではなく、政治、経済、軍事、文化教育政策を戦時体制化していくことであった。最高国防会議の組織化、全国経済委員会の設置、「戦時文化宣伝政策基本綱要」の制定等がそれである。日本は汪政権の参戦によって日中戦争の局面の打開を意図し、汪政権の政治的力量を高めることにより、重慶蔣政府の抗戦力を削《そ》ごうとしたのである。そのためには一九四〇年に日中間で締結された日華基本条約を改訂し、新たな条約を結ぶ必要があった。

参戦目的と新条約締結

では汪政権の参戦目的は何か。周仏海は日記のなかで一年前の一九四二年七月に東京で汪政権の参戦の必要性を力説した目的は租界接収、治外法権撤廃にあったと述べている（四三年七月二四日）。しかしこの時は日本側が対重慶和平工作の妨げになるとの理由で同意しなかった。

汪兆銘の「最後的心情」（最後の心情）の中で汪政権の突然の宣戦布告は外国の笑いものになるかもしれない。しかし不平等条約撤廃と租界回収の事で大きな成果を収めることができたことは汪兆銘実に欣快《きんかい》とするところであると述べていた。褚民誼も四六年三月一七日江蘇高等法院で汪政権の参戦について、自分は本来反対であったが、汪は租界の回収と治外法権撤廃ができると言ったと、答えている。

陳公博も漢奸裁判のなかで、中国の活力を保存し、物資を取り戻すには、参戦以外にあり得なかったし、参戦の名義で租界回収、治外法権撤廃を要求できたと述べている。しかも汪政権は参戦後は一兵一卒も太平洋戦争に出さず、一兵一卒も重慶との戦闘に出すことはなかったと述べている。

参戦後汪政権は日本との不平等条約の象徴ともいうべき「日華基本条約」の改訂に着手する。一九四三年九月二二日、汪兆銘、陳公博は東京で東条首相と面談し、国際情勢、重慶蔣政府投降勧告および、日中全面和平の条件等について討議した。東条は、全面和平が実現すれば、軍隊は撤兵し、辛丑《しんちゅう》条約（一九〇一年の義和団事件最終議定書）で規定された「駐兵権」も放棄してもよいし、中国各地の特殊地域を漸次解消することにやぶさかでないと語った。交渉過程で「日華基本条約」第三条第二項の防共駐兵、第四条の治安駐兵、第五条の艦船部隊の駐留が完全に廃止され第七条の海外法権撤廃、租界の送還は実現された。新条約は「日本国中華民国間の同盟条約」として一〇月三〇日南京で調印された。

条文は全部で六条から成り第一条で両国の隣善友好を、第二条で大東亜建設にふさわしい相互協力援助を、第三条で両者の経済提携を、第四条で必要な細目は協議による旨を、第五条で日華基本条約と付属文書の失効を、第六条で署名の日より実施されることを謳っていた。付属議定書では第一条で日本軍の撤収と北京議定書に基づく駐兵権の放棄を、第二条では議定書が条約と同時に実施される旨が謳われていた。これによって、一九四〇年一一月の「日華基本条約」は付属文書とともに失効した。

汪政権は、対英米参戦によって日本、イタリア、ヴィシー政権下のフランスとの間で不平等条約撤廃をなしとげ、日本との間で不平等条約である「日華基本条約」を改訂させ「日本国中華民国間の同盟条約」の締結を実現させたのである。汪兆銘は「中日同盟条約之分析」(「日本国中華民国間の同盟条約」の分析)のなかで「日華基本条約」失効、日本国中華民国間同盟条約締結を「百年来中国が不平等条約の束縛を受けていた痕跡を一掃したもの」と評価した。また陳公博はさらに「残った問題は満洲問題だけになった」と言い切り、周仏海は「新しい条約が成立すれば、われわれは歴史に対して顔向けができる」と自賛した。

以上は汪政権の当事者たちの弁であるが、これに対する反論も根強く存在した。汪政権同様蔣重慶政府も英米との関係で租界回収、治外法権撤廃をやっているのではないか、そうした意味では汪政権だけが誇れることではないといった意見や日本との新条約で日本の中国占領が解消されたわけではなく、占領区は一層厳しい状態になってしまったではないか、といった反論も根強くある。つまりは漢奸が救国の功臣面するなというわけであろうが、それは占領地の実態を見れば一面の真理を言い当てている。

戦時体制

一九四三年から中国占領地では汪政権が政治・経済・文化の前面にせり出してくる。そのぶん表面的には日本軍は後景に退くのである。四三年初頭の中央政治委員会は、臨時会議で対英米参戦と最高国防会議の設置を承認した。さらに一月に開催された第一回最高国防会議は、それまで行政院の管轄だった全国経済委員会と新国民運動促進委員会を政府直轄のもとに置くなど、一連の戦争指導体制の強化を目的にした機構改革を実施した。

特に経済面では、二月の全国経済委員会の会議で戦時経済政策の再検討を実施し、「戦時経済政策綱領」を決定した。これは、生産の増加、物資の調整、消費の節約、幣制の安定、金融調整、経済機構の改造を内容とするものであった。

この要綱にしたがい四三年三月一五日には全国商業統制総会（商統総会）が設置された。商統総会は物質統制の要の役割を担う行政院直属の中国法人の民間団体であり、これが最初に行なった事業は綿花・綿布の強制買い上げであった。当時軍票がすでに発行停止され、儲備券で一本化されるとともに商統総会が物資統制の前面に出たということは、日本軍に代わって汪政権が華中占領地経済の責任主体となることであり、同政権が物資統制の責任主体となることを意味していた。三月二〇日には物資統制審議委員会の設置が決定され、五月には物資調査委員会が設置された。

四三年六月の第一七次最高国防会議は「戦時文化宣伝政策基本綱要《こうよう》」を決定し公布した。「基本綱要」は、その方針のなかで「大東亜戦争の完遂のため中国文化の再生と発展及び東亜文化の融合と創造を図り、世界文化の新秩序化に貢献する」ために、「先ず挙国一致の戦時意識を激発し、国情に依り戦時需要に適応し、体制の創立、力の集中、思想の清算、観念の粛清と科学技術の発展に従事すべきである」と述べていた。具体的には東亜文化を発揚して、東亜の枢軸《すうじく》を固め、戦争の使命を果たす、英米の侵略主義を清算して国際共産主義の騒乱を防止し、実践の責任感をもって戦時体制の完成に協力し、国家の戦闘力を増強する、文化力の集中と団結を図り、文化事業を調整し、文化宣伝総力体制を確立するというものであった。ことここにいたり文化教育面も戦時体制に入った。公布翌日に林柏生は記者会見を行ない、綱要の基本内容は英米および共産主義の毒素思想を清算し、中国と東南アジアの文化を創造することにあると説明した。しかしここに言う文化事業の調整とは図書、新聞、雑誌、映画、戯劇、レコード、放送等文化関連宣伝作品に対する厳格な検閲の実施であった。

占領下の庶民生活

汪兆銘政権下の庶民生活はいかなるものであったのか。戦時下とはいえすべての地域が戦場だったというわけではない。そこには庶民の営みがあり日常の生活が行なわれていた。

教　育

汪政権の教育に対する基本的な考え方は一九四〇年三月の「国民政府政綱」で「反共和平建国を教育の基本方針となし、あわせて科学教育を高め、浮言空漠の学風を一掃する」と謳っているなかに端的に表現されていた。行政院のもとに教育部を設けたが、その初代部長には趙正平が就任した。さらに四〇年六月には中国教育建設協会がつくられ、戴英夫教育部常務次長が理事長となり、民間サイドで「反共和平教育」方針を浸透させていく動きが進められ、江蘇《こうそ》、安徽《あんき》、広東《カントン》、浙江《せっこう》、上海《シャンハイ》、蘇北《そほく》に分会が設けられた。

長く教育部長の職にあった李聖五は、戦後首都高等法院に答弁書を提出しているが、そのなかで、彼は「四三年までに占領区の小中学校七、八千校が復興した、ただ設備が粗末で……」と述べているが、実際、紙、インクの類の不足で教科書の不足が慢性化し、儲備券インフレで教員の給与も支払われない状況だったという。

『滬杭日記』のなかで中谷孝雄は、一九三八年九月だが、南京市第八小学校を訪問している。「お話にならない粗末な建物で、教室の設備なども、土間にただ机と腰掛けとを並べただけのものである」「二十二、三歳の断髪の女教師が、男女二十名ほどの生徒に、国語の授業中であった。授業の模様は大体日本の小学校と大差はないが、教科書がないので、生徒はガリ版で刷った一枚の粗末な用紙を机に拡げて、其《そ》れを読本の代りに使っていた」という。南京の教育事情について彼は次のようにも書いている。「小学校は四十校のうち現在開校しているもの二十一。他に邦人小学校が一つある。中学は今のところただ一校在るだけである」と。またある座談会で、大東亜省事務官は、汪政権の教育政策を論じ、汪政権もよく頑張っているが、しかし蔣介石政権もそれ以上に頑張っている。「かういふことを考へると、重慶及び延安両政権に対する文教新攻勢といふものはもつと強力に行はれなければならぬのではないかと考へてをります」とも述べていた。もっとも日本語教育でも日中の共生と自治を目標に、三八年五月羽仁もと子のアイデアで自由学園北京生活学校が開校するが、これなどは例外的なケースで多くは上記のような教育が常態であった（『抗日戦争と民衆運動』）。

すでに三七年七月の日中戦争勃発以降、中国各大学は「遷移」（重慶、貴州など奥地への移転）を計画実施に移し、北京、清華、南開の主要大学は長沙《ちょうさ》から昆明《こんめい》へと教授と学生は移動を開始し、三八年五月には昆明に西南聯合大学が開講しており、日本占領地の大学は体をなしていなかった（『深まる侵略　屈折する抵抗』）。

こうした状況下で汪政権はその最高学府として中央大学の再建を決定し、四一年二月に正式開校した。また交通大学も上海に残ったスタッフ・学生を中心に四二年八月にスタートした。浙江大学も同じように、日中戦争後汪政権のもとで復活が図られたが、中途で頓《とん》挫《ざ》して立ち消えとなった。また新たに国立上海大学が四一年七月に開校の運びとなった。

図20　武昌青少年団を訪れる汪兆銘

1942年11月汪兆銘が武昌に赴いた時の武昌青少年団の歓迎行進.

汪兆銘政権の教育方針が明文化されたのは1939年８月の国民党第６回大会の時であった. 同大会に修訂された国民党政綱のなかで, 教育に関する決議は以下のとおりである. すなわち①固有の民族文化及び道徳を発揚すると同時に国情に相応しい外国文化を吸収すること, ②偏狭な排外思想を根絶し, 睦隣政策の精神を貫徹すること, ③規律訓練及び科学研究を厳格に行なうことにより, 健全なる公民および建国人材を養成すること, ④新中国の建設に適応させるために, 教育制度を改定, 教材を編纂しなおすこと.

さらに1940年３月30日に公布した「国民政府政綱」の第10条では「反共和平建国を教育方針にし, また科学教育を提唱し, 空漠的学風を根絶する」と規定していた（曾支農「汪政権による『淪陥区』社会秩序の再建過程に関する研究」より）.

国立音楽院、国立上海商学院、上海医学院は、汪政権の下でも授業を継続した（曾《そ》支《し》農《のう》博士論文）。

華北政務委員会も北京、清華、交通の三大学を統合した総合大学の設立を目指し、三八年九月から農・医・理・工の四学院を、三九年には文学院を四一年には法学院を開設した。初代校長は文学院院長だった周作人《しゅうさくじん》。彼が教育総署督弁に転出すると銭稲孫《せんとうそん》が就任したが、四四年九月、彼は文学院院長に専任することとなり、王克敏《おうこくびん》政務委員会委員長が第三代校長を兼任した。日本からは農学院に那須皓《ひろし》、医学院に永井潜《ひそむ》、工学院に佐野秀之助、理学院に加藤武夫、文学院に宇野哲人《うのてつと》、法学院に小山松吉をはじめ百余名の教員が派遣された。三八年四月には国立北京師範学校と北平《ほくへい》女子文理学院が、日本から藤村作《ふじむらつくる》をはじめ二十数名を招致する形でスタートした。四一年一一月には両学院が合併して国立北京師範大学となっている（『華北建設年史』）。

もっとも、日本占領地の大学でどのようなカリキュラムのもとで何人の学生が学び巣立っていったかは今のところ定かではない。また敗戦後これらの卒業生、在校生がどう扱われたかについては、再度試験を実施しパスした者については卒業、在籍資格を認めたというが詳しいことは明らかでない。

では汪政権の日本語教育はどのようなものだったのか。一九四〇年七月、支那派遣軍総司令部は汪に書簡を送り、日本語を小中学校の必修科目とすることを求め、それが日本に対する親善度と誠実さを示すバロメーターだと述べた。汪は、初級中学以上の学校で日本語を必修科目とすることを承認した。そして興亜院《こうあ》が設立された後は、この興亜院と文部省が協力して中国占領地の日本語教育を推し進めることとなり、四一年には両省が共同管理する団体として「日本語教育振興会」が設立された。

日本語の教育方法をめぐっては、教育現場で従来からの直説法か、対訳法かをめぐって論争があったが、「大東亜共栄圏《だいとうあきょうえいけん》」の構築を具体的目標に掲げると、さらに読解よりは会話を、といった主張が叫ばれるようになった。

現場の教師もさまざまだった。「中国人と仕事を共にする人は、皆中国語に通じる必要があると思う」という見解もあるにはあったが、彼らは少数派で、「自分は単なる日本語の教師ではない。日本民族を代表して大陸民族を指導すべき責任があるのだと壮語して、日本語教育を留守にして政治方面や事務方面に奔走している人々」も少なくなかった。

国威発揚《こくいはつよう》の具としてスポーツが重要な役割を演ずることはいうまでもないが、汪政権の場合も例外ではなかった。

スポーツ

日満華交歓競技大会はそれであった。第一回は一九三九年九月に新京《しんきょう》（現長春）、奉天《ほうてん》（現瀋陽《しんよう》）で開催された。参加したのは日本と「満洲国」と中国占領地区の選手たちだった。中国の出場種目は、陸上競技、バスケットボール、サッカーの三種目であった。第二回は四〇年六月に東京と大阪で開催された。これは日本の「紀元二六〇〇年」の祭典と重なったため「東亜大会」という名称で、日・「満」・華に加えてフィリピンとハワイが参加した。中国からは八〇名の選手が、陸上競技、サッカー、バスケットボール、卓球、国術の五種目に参加した。第三回大会は四二年八月に新京において「満洲」建国一〇周年を記念して開催された。中国チームは、陸上競技、バスケットボール、バレーボール、卓球に出場し、卓球部門で優秀な成績を残した（『近代中国体育スポーツ史』）。

しかしその名称を「日満華交歓競技大会」と称するか「東亜大会」と称するかは別として、この時のスポーツ祭典は、日本占領下の中国と植民地の選手を主体にした大会であることに変わりはなかった。四〇年にフィリピンとハワイが参加したのは、日米間の緊張を何とか回避したいという民間の動きの最後の努力だったが、所詮《しょせん》は焼け石に水で成果を上げることはできなかった。

汪兆銘政権は一九三七年七月の日中戦争勃発以降停刊になっていた新聞や雑誌を復刊し、それを宣伝媒体として活用した。

新聞・雑誌

まず新聞だが、三七年一一月に停刊した『中華日報』は汪兆銘派の林柏生を社長に三九年七月には復刊した。多田裕計《ただゆうけい》は小説『長江デルタ』のなかにこの中華日報社を登場させている。「狭い十字路の一角の、汚い低い、石造建物」、それが中華日報社の社屋だと形容していた（『長江デルタ』）。

同じ三九年の一一月には林の手で「中華通訊社」がスタートしている。この「中華通訊社」は四〇年五月には「中央電訊社」と改名され宣伝部直属の機関として各地で新聞を発行した。四〇年三月には汪兆銘派の金雄白が『平報』を、同じ汪派の羅君強が『中報』を南京で発行している。南京では『中報』のほかに『南京新報』『民報』『京報』『時代晩報』『南京晩報』など一五種類の新聞が発行されていた。上海では李士群が主宰する『国民新聞』が発行されていた。『国民新聞』は、李士群が周仏海と軋轢《あつれき》を起こしたとき、李の意向を汲んで社説で周仏海、梅思平の私生活暴露を行ない、抗争の先鞭《せんべん》を切った。

雑誌は、汪系の週刊誌『中央導報』をはじめ上海地区だけでも五五種類出版されていた。文芸関係に限定すれば、陳公博の財政的援助を受け馮和義が主編となって発刊された『天地』、汪政権の朱樸《しゅぼく》が上海で出版した『古今』、日本の毎日新聞社がバックアップして発刊された『文友』、中日文化協会上海分会が刊行した『文協』、中国文芸協会が発行した『国芸』、中国詩刊社が発行した『中国詩刊』、南京読書出版社が創刊した『読書』などがあげられる（『中国近現代文化期刊史』）。四二年、佐藤（田村）俊子は、汪兆銘政府、日本大使館、海軍部のバックを得て上海で中国語の婦人雑誌『女声』を発行している。その編集には中国共産党から派遣された地下党員の関露（本名は胡寿楣）が加わり編集作業を支え、その蔭で日本側の情報収集工作に従事したといわれている。この機関誌は四二年五月以降敗戦まで一号の欠号もなく出版され、厳しく制限された状況下で読者にさまざまなメッセージを伝えた点で注目される（『深まる侵略　屈折する抵抗』）。同じようなケースは国民党の場合にも見られた。汪派の『国民新聞』の主筆穆時英は、実は蔣介石の中統系の工作者だった。しかし彼は同じ蔣介石系でありながら軍統系のテロリストの手で暗殺されている。

汪兆銘政権下でも映画は重要な宣伝媒体として、また庶民の手ごろな娯楽として重要な位置を占めていた。上海は、〝中国のハリウッド〟といわれ、多数の映画が作られていた。日中戦争当時の上海は「陸の孤島」だった。英米の租界があった上海は、中国であって中国ではなかった。交戦中の日本といえども英米の利権が錯綜《さくそう》する租界には手は出せない。それを利用して英米日中のスパイが上海租界を拠点に暗躍していた。

映画

こうしたなかで川喜多長政《かわきたながまさ》が中支那派遣軍から中国占領地に映画を供給する会社の設立を依頼されたのは、一九三九年三月のことであった。当時川喜多は東和商事なる外国映画の輸入会社を経営しており、軍はその専門性を買ったのである。会社の設立を引き受けるにあたって川喜多は、軍は会社の運営に口出ししないこと、軍の基本方針に反しない限り会社の経営方針は川喜多に任せること、という条件をつけた。依頼主の高橋坦大佐は川喜多の条件を呑んだ。

川喜多は上海に渡り、一九三九年六月、中華電影股份有限公司（中華電影）を設立する。董事長《とうじちょう》（社長）は当初欠員で、汪兆銘政権が誕生すると外交部長褚民誼がその席についた。

川喜多は副董事長であったが、実質的には董事長として活動した。幼いころ彼は北京で父が日本軍の憲兵隊に暗殺されたこともあり、軍部に対しては懐疑的だった。社屋を英米軍が警備する共同租界の中においたのも、そうしたことが影響していたのかもしれない。中華電影の仕事は、ニュース映画や日本向けの映画の作成、中国人が製作する中国映画や日本を含む外国映画を日本占領下の中国人に供給するのが目的だった。映画館がない場所への巡回映写も主な仕事の一つだった。中華電影は、中国映画を作ることが目的ではなかった。その点で同じ日本の映画会社であっても甘粕正彦《あまかすまさひこ》率いる長春の満映とは違っていた。

プロデューサーとして上海映画界のトップに立っていた張善琨《ちょうぜんこん》と組んで、川喜多が最初に配給した映画は中国映画「木蘭従軍」だった。この映画は北朝の時代（六世紀）に女性の木蘭が男装して北方異民族の侵略に抗して手柄をたてるというお話であり、いわゆる「借古諷今《しゃっこふうこん》」（過去に仮託し現在を風刺する）の抗日映画だった。配給にあたって憲兵隊がクレームをつけたが皮一枚で乗り切った。

一九四一年一二月、太平洋戦争が勃発すると租界の状況は一変した。上海の外国租界は日本軍の占領下におかれ、英米映画会社は危機に陥ったからだ。一九四二年四月には在上海の映画作製会社を統合して中華聯合製片股份有限公司（中聯）がつくられる。董事長には汪兆銘政権の宣伝部長だった林柏生が、副董事長には喜多川が、総経理には張善琨が就いた。「博愛」「万世流芳」などが作られたが、「万世流芳」には李香蘭《りこうらん》（山口淑子）が出演し主題歌「売糖歌」とともに彼女をスターダムに押し上げた。

一九四三年五月、中華電影と中聯、それに上海の一二の主要映画館を管理している上海影院股份有限公司が合併して新たに中華電影聯合股份有限公司（華影）が設立される。董事長は林柏生、副董事長は喜多川、総経理は張善琨であった。この会社は中影、中聯、上海影院の業務をすべて引き継ぎ、日本占領地域の映画の製作・配給を一元的に行なうために設立された。四三年一月に汪兆銘政権は対英米に宣戦を布告し、日本は対華新政策に基づき汪政権を前面に立てる方針に転換していたが、その一環で映画会社も汪政権のもとに統合されたのである。この時期になると戦局の悪化にともない映画製作物資が極度に不足しており、資材を効率的に使うためにも統合は不可避だった。華影時代には、日中合作のミュージカル「万紫千紅」、日本の勤皇の志士と中国の太平天国の将とが手を結ぶ李麗華《りれいか》、阪東妻三郎《ばんどうつまさぶろう》共演の「春江遺恨《いこん》（狼火は上海に揚がる）」や「紅楼夢《こうろうむ》」などが作られている。

当時一流といわれた映画館は、アメリカ映画の上演館で英米租界に建てられていた。一九四一年現在で上海には五〇ほどの映画館があり、中華電影が管理する華中南全体では一一〇ほどの映画館があった。一流映画館としては大光明大戲院（GRAND）、南京大戲院（NANGING）、国泰大戲院（CATHEY）、美琪大戲院（MAJESTIC）、大上海大戲院（METROPOL）、大華大戲院（ROXY）などがあり、最後の大華大戲院を除けばすべては亜州影院公司（Asia Theatre Co. Ltd）の経営であった。映画は通常一日三回、入場料は八・七・六元のランクがあった。動員は一日平均一〇〇〇人程度、中国人が九割、日本人一割の比率だった。

映画館がない奥地には、巡回映写班が発電機、映写機、フィルムを持って回った。巡回映写は一九三九年から開始された。これは、軍の宣撫《せんぶ》工作、在留邦人慰問を目的に実施された。巡回班は、班長と技師を含む二〜三人からなり、班長は中華電影の日本人職員であったが、技師には日本人、中国人が含まれていた。巡回映画ではニュース映画、日本人や中国人用の文化映画、アニメーションが上映された。ニュース映画では中国軍との戦争シーンは削除されていた（『中華電影史話』、『上海シネマと銀座カライライス物語』）。

民衆芸能を保護し、これを味方につけ、「大東亜共栄圏」思想で味付けできれば、これほど安上がりな宣伝媒体はありえない。当然のことながら日本軍が注目した芸能は、演劇、国楽、漫画などであった。そもそも

芸能――演劇・国楽・漫画

中国の演劇の中心地は北京と上海であった。北京は京劇の、上海は話劇の拠点であった。しかし日中戦争後は、日本占領地から重慶や延安といった奥地に逃れるものが多く、またとどまった京劇役者も北京を離れ上海に集まった。上海の京劇常設劇場は、黄金大戯院、天蟾舞台、更新舞台、金城大戯院、卡爾登大戯院で、北京から一流の名優を迎えて興行が打たれた。太平洋戦争下では上海京劇界では、伝統的なもの以外に坤伶（女優）が演じる、色情的な演目の京劇がはやったといわれている。戦禍と退廃が一因だったのかもしれない。

話劇団は上海の蘭心、卡爾登大戯院、金都、大上海、麗華などに分かれてその技を競いあった。分かれていた、とはいっても役者が各劇場を移動するので、各劇団間には大きな特色はなく、どちらかといえばその時々の出し物で特色を出すという傾向が強かった。こんな劇場に出入りしていた一人が日本人で作家の武田泰淳《たけだたいじゅん》だ。敗戦色濃厚な一九四四年六月に上海にわたった彼は、中日文化協会出版部に身を置く傍《かたわ》ら上海の街を徘徊《はいかい》し酒屋、

料理屋に加え演芸場にも顔を出す。上海訛《なまり》のひどさに何を言っているのか解らぬままに紹興劇《しょうこうげき》や申劇《しんげき》を楽しんでいた（『上海の螢』）。

そのほか見落とすことができないのが漫画である。一九三〇年代、蔣介石政権が漫画を抗日戦の武器と考え、三三年上海で『時代漫画』、『漫画生活』が創刊された。当時中国で一流だった葉浅予《ようせんよ》、魯少飛《ろしょうひ》、張光宇《ちょうこうう》、張振宇《ちょうしんう》などの漫画家が筆を競うにいたって中国にも本格的漫画時代が到来し、本拠上海に集う漫画家はその数一六〇名と称された。しかし日中戦争の勃発でこれらの漫画家も多くは抗日戦争を継続するため奥地へ移動し、またあるものは筆を折って漫画家生活を一時中断した。汪政権下で和平運動推進の一環として漫画を復活させようということで、四〇年冬に主だった漫画家を南京に召集したところ、集まったのはわずかに曹涵美《そうかんび》、陳孝祚《ちんこうそ》（馬午）の二名に過ぎず、完全な失敗に終わった。太平洋戦争後も、週刊漫画新聞『大亜州画報』や月刊雑誌『中国漫画』などが発刊されたが長続きしなかった。結局は優秀な漫画家が日本軍占領地にはおらず、多くは抗戦を続けるため奥地に移動したのである。端的に思想性が表現される漫画の世界では、日本軍の占領政策に共感する漫画家を見つけることは困難だったということである。

放送

汪政権は、比較的よくラジオを活用していた。たとえば一九三九年六月に日本で五相と面談して帰国し、王克敏、梁鴻志と会談した汪が「余の中日関係に対する根本理念と前進目標」と題する和平声明を行なったのはラジオ放送だし、四〇年三月三〇日の還都式典を録音し中国全土に放送したのもラジオを使ってのことだった。また清郷《せいきょう》工作で宣撫工作の最前線の「声の弾丸」として活動したのもラジオ放送だった。そして四四年一一月二三日、汪の安葬式が南京で行なわれたとき、その実況放送は南京広《こう》播電台《はんでんだい》（ラジオ放送局）が担当した。この録音盤は東京に送られ日本でも放送された。そのほか、新年年頭の挨拶を含めて汪自身はいくどかラジオマイクの前に立った。

日本占領地にラジオ放送局が設置されたのは、日中戦争勃発ほどない三七年一二月のことだった。上海虹口文路《こうこうぶんろ》の日本人倶楽部《クラブ》のなかに大上海広播電台が開局した。

ところで日中戦争勃発前からすでに、上海を中心に欧米中の放送局が活発な活動を展開していた。三六年七月時点で上海だけでも放送局の数は三七局に達していた。しかもアメリカ系の華美電台、大美晩報電台、イギリス系の民主電台が上海租界にあって強力な電波を発信している状況で、一〇分の一以下のパワーしかない日本はその後塵《こうじん》を拝しているというのが実態だった（『上海の文化』）。

三八年四月には日本人倶楽部にあった先の大上海広播電台は、黄浦路沿いのアスターハウスに移された。その後放送局は南京、漢口、杭州、蘇州へと拡大した。さらに上海を中心とした放送網は、華北広播協会傘下の北京中央電台、天津、済南、太原《たいげん》のネットワークを通じて華北占領地への拡大していった。

重慶政府は、汪政権のラジオ放送に対抗してラジオを通じた反論を開始し、重慶に強力な放送局を設立し租界の放送局を中継して強力な電波戦を展開した。四〇年三月末の汪政権の還都式典の実況放送には、重慶政府は即座に対抗し、林森《りんしん》主席の汪兆銘糾弾《きゅうだん》の放送が送られてきたことは前述したとおりである。

汪兆銘政権の放送は、日本側が監督運営の権限を握り、実際の放送部門は中日合弁の中国放送協会がとり行なうこととなった。中国放送協会（中国広播事業建設協会）は四一年三月一五日に設立されたが、設立にあたっては日本放送協会の中郷孝之助、汪政権宣伝部長の林柏生、南京の陸海軍、逓信省《ていしんしょう》、外務省の出先機関が加わっていた。予算規模は月額約七万上海ドル。中国放送協会は、文字通り放送活動のキーステーションとして民衆宣撫工作、対重慶放送、さらには太平洋戦争後は、短波による南方への対敵放送を実施した。放送の内容は、民衆宣撫工作、対重慶放送が中心で、汪政権首脳の講演演説などもしばしば放送されたが、民衆宣撫工作という点では、中国の伝統芸能だとか、聴衆が参会した「歌謡コンクール大会」などバラエティーに富んだ番組も盛り込まれた。年配の中国人が、街角でラジオから流れてくる京劇の「覇王別姫」や「貴妃酔酒」にあわせて一緒に口ずさんでいる風景が見られたという（『姿なき尖兵　日中ラジオ戦史』）。詩人草野心平も常連というわけではないが、時折登場した人物の一人だ。彼は蛙の詩の朗読を行なったこともあるし、漢口放送局から重慶に向けて「和平の道に来たれ」を放送したこともある。

試みに一九四〇年代の上海広播電台の一日の番組を紹介しよう（『上海の文化』）。

午前　八：〇〇〜　八：〇五　開始（番組案内および行進曲）

八：〇五〜　八：二五　レコード音楽（中国音楽）

八：二五〜　八：四五　修養講座

八：四五〜　九：〇〇　ニュース（国語）

一〇：三〇〜一一：〇〇　ニュース（英語）

一一：〇〇〜一一：三〇　家庭講座
一一：三〇〜一一：五九　レコード音楽（歌唱）
一一：五九〜一二：〇〇　報時（国語）
午後一二：〇〇〜一：〇〇　レコード音楽（西楽）
一：〇〇〜一：三〇　ニュース（英語）
一：三〇〜二：〇〇　レコード音楽（軽音楽）
二：〇〇〜二：三〇　レコード音楽（京劇）
二：三〇〜二：五〇　ニュース（国語）
二：五〇〜三：一〇　ニュース（滬語）
三：一〇〜三：三〇　ニュース（粤語）
三：三〇〜四：〇〇　経済ニュース（滬語）
五：五一〜六：〇〇　子供番組（児童新聞・音楽家エピソード、唱歌指導）
六：三〇〜六：五〇　ニュース（国語）
六：五〇〜七：一〇　ニュース（滬語）

七：一〇～七：三〇　ニュース（粤語）
七：三〇～八：〇〇　日本語講座
八：〇〇～八：三〇　伝統音楽・劇（越劇）
八：三〇～九：〇〇　伝統音楽・劇（申曲）
九：〇〇～九：一〇　ニュース（英語）
九：一〇～九：三〇　講演（公共租界保甲青年部）
九：三〇～一〇：〇〇　大東亜時間（国語）中継放送北京
一〇：〇〇～一〇：二五　ニュース（国語）
一〇：二五～一〇：五〇　伝統音楽・劇（女子京劇）華中中継放送
一〇：五〇～一〇：五八　時事講述（国語）華中中継放送
一〇：五八～一一：〇〇　番組案内

この日の番組は音楽とニュースで構成されていることがわかろう。日本占領前に頻繁に流されていた外国番組や外国ニュース、金融市況ニュースや流行歌などは、時局がら姿を消して、それに代わって大東亜時間などが新たに登場していることがわかる。

一九四一年一二月に太平洋戦争が勃発すると、日本軍は即座に租界を占領し英米系電播台を接収し、これを中国放送協会の委託下に置いた。

交通・運輸

中村孝雄の『滬杭記《ここう》』には、一九三八年九月からペン部隊の一員として華中を従軍した日記が残されている。それによれば、上海発午前九時の急行が一〇時四〇分に蘇州に到着している。そして蘇州発一〇時四〇分南京行きの汽車は、無錫、常州、丹陽を経て午後三時に南京に着いている。当時南京―蘇州間が一時間半（『蘇州日記』）、蘇州―南京間は急行で四時間半といわれていたから（『私の支那紀行』）、ほぼ定刻通りということになる。

もっとも同じ手記でも、日中戦争勃発直後の一九三七年に戦死した兄の没地を訪ねて上海に渡った春野鶴子《はるのつるこ》の『上海放浪記』によれば、午前八時出発した列車は南京に夜九時ごろ到着したとある。両者の手記を比較すると、中村の手記のほうが春野よりも戦争勃発後の時間がたっている。わずか一年の違いだが、しだいに戦線が内陸に遠のくにつれ上海から内陸への鉄道も整備されてきたことがわかる。

華中の鉄道は、日中戦争勃発前に上海と南京を結ぶ京滬鉄道、上海から杭州を経て閘口にいたる滬杭甬鉄道、上海—呉淞間の淞滬鉄道が開通していたが、戦争後は日本軍の管理下に置かれ、三九年四月には華中鉄道株式会社の管理下に運行していた（『上海要覧』）。事態がやや落ち着きを取り戻したころの列車の車内の客の半数は日本人で半数は中国人。車掌は日本人。それでも上海から南京に向かう車窓には激戦の跡が歴然としていたという。また上海から各地に下る路線の駅名は日本風の読み方がひらがなで書かれていた（『上海人文記』）。列車の一日の本数は定かではないが、三〇年代末の時点では列車はいちおう定刻通りで動いていたということになる。

また東方文化研究所から中国に派遣され、一九三九年九月から約一年余蘇州を中心に中国に滞在し当地で病没した高倉正三も、克明な日記を残していた（『蘇州日記』）。彼は、蘇州を中心に各地を旅行しているが、交通事情についても比較的丹念な記録を残している。もっとも自由に旅行ができたわけではなく、通行許可証をもらい特務機関、宣撫班の了解をとっての旅行であった。彼の日記によれば、鉄道は動いているが、しかしそれは上海—南京間などの主要幹線だけで、他は動いていないか、もしくは軍のトラックに便乗せざるをえなかったと記している。バスも動くことは動いてはいたが、これも定期ではなく木炭バスはしばしばエンジントラブルで停車を余儀なくされ、客は車外で修理が終わるまで待たされたという。それも場所によっては護衛付きである。幹線の鉄道とバス、水運を除けば事実上機能不全だったというのが占領地の交通の実態であったと思われる。

しかし敗戦間際になると幹線の運行もままならなくなる。興中公司、北支那開発を経て華北綜合調査研究所研究員となり敗戦直前京漢線を使って漢口に行くため南下した国松文雄は保定付近で空襲にあい機関車は破壊され立往生、やっとの思いで鄭州に入り、そこから軍用列車で河南省に入るとまたまた空襲で機関車が破壊された。救援の機関車がこれまた空襲で破壊され、やっとの思いで信陽に到着、そこから漢口に向けて出発、しかし到着地漢口も毎日空襲で日本租界はほとんど破壊されていたという（『わが満支廿五年の回顧』）。敗戦間際の交通は寸断状態だった。

ネオン・賭博・阿片

汪兆銘政権下で七十六号が暗躍したことは前述したが、彼らの本拠が存在した上海はこれまたネオンと賭博《とばく》と阿片《あへん》売買の渦巻く魔都であった。高層ビルとその裏で隠花植物のように繁茂する阿片窟。日本軍が占領することで、従来のそれに日本料理屋とダンスホール、軍の慰安所が新たに加わり、退廃度はいっそう増した。他の占領地が荒廃した分、陸の孤島のように上海だけがきらびやかなネオン瞬く不夜城に変身した。汪政権下で日本人顧問として活動した晴気慶胤は著書『謀略の上海』の冒頭で、高級乗用車、大型トラック、大型バス、ケバケバしい装いの路面電車、おびただしい洋車《ヤンチョ》、各国人の体臭がむせ返る目もくらむ大洪水、と当時の上海市街を描写しているが、実体験者らしい描写であると思う。

なかでも七十六号はここを舞台に「テロにはテロを」とばかりに派手に立ち振る舞った。彼らが資金を捻出《ねんしゅつ》するために常用した方法が賭博、阿片売買、拉致《らち》と身代金要求であった。なかでも阿片の密売は彼らの主要資金源だった。阿片戦争を想起するまでもなく、当時の中国、とりわけ開港地上海は香港と並び阿片輸入の中心地であり、売買の拠点であったし、利権をめぐる激しい抗争の修羅場となり、日本軍、蔣介石、汪兆銘三《み》つ巴《どもえ》の闘争が繰り広げられた。ここに七十六号が分け入ったのである。魔都上海の魔性をいっそう引き立たせる役者が一人増えたことになる。

しかし当初一枚岩だった七十六号も時の経過とともにテロ対策や賭博、阿片売買の儲けの取り分、藍衣《らんい》社とＣＣ団といったメンバーの過去の出身団体の相違がかさなって両巨頭

図21　にぎわう上海租界の盛り場（毎日新聞社提供）

「自動車は，海のない港のゴンドラ．世界中の，ありとあらゆる人種の体臭のむせかえる国際都市上海の街頭は，今日もまたゴンドラの大氾濫である．ピカピカする外国製の色とりどりの高級車，マンモスのようなトラック，大型バス，それにあくどいペンキで塗り立てたケバケバしい装いの路面電車，おびただしい洋車の群れ…何もかもがいっしょくたになって，渦巻きながれる大洪水のすさまじさは，上海第一のメーン・ストリート南京路となると，目もくらむ思いである．こんな調子だから，急用はすべて歩く方が，よほどてっとりばやい．うっかり自動車などに乗ると，ヨタヨタ歩きの蟻の行列となり，その上，交差点に出るたびごとに，ゴー・ストップに数分間も停車させられるという有様，上海の街頭では，まさに『文明の敗北』だ」（晴気慶胤『謀略の上海』より）．

の丁黙邨と李士群の間に亀裂を生みだしはじめた。両者の対立は、影佐機関と周仏海が李士群に荷担し、丁を切ることで事態の収拾が図られた。こうして丁は七十六号から追放された。七十六号を抑えた李が次にぶつかったのが周仏海であった。今度はポストと資金をめぐる対立だった。清郷《せいきょう》工作責任者と江蘇省長のポストを李が独占したことが周を怒らせ、両者の対立を決定的にした。李が資金稼ぎのためにカフェー、ダンスホールを次々と開き、賭博場を経営してテラ銭集めに奔走《ほんそう》したことも、財政部長の周を怒らせる原因となった。

李は滬西にいくつかの賭博場を開いた。こうした賭博場の賑わいがけばけばしいネオンサインとともに上海の治安悪化に拍車をかけたことはいうまでもない。映画「西住戦車長伝」で西住中佐役を演じた上原謙もロケの途中で上海に立ち寄っている。そのとき彼は日本軍将校に上海租界の歓楽街を案内され賑わう賭博場をのぞいている（『キネマと砲聲』）。

みるに見かねた汪兆銘政権は、自らの手で李に賭博場の閉鎖を求めなければならないほどだった（『上海テロ工作七十六号』）。李は周仏海派から公館派に走ることで周との対立を決定的なものとする。結局この戦いが周の勝利に終わったことはすでに書いたとおりである。

祝日

では南京国民政府はどのような祝日記念日を設定しただろうか。丸田孝志によれば年一二日の祝日が設定されていたという（次ページ表2）。それぞれ国旗を掲揚するか否か、半旗を掲げるか否か、記念式典を行なうか否か、記念集会のみにとどめるか否か、歌舞音曲を禁止するか否か、などが定められていた。汪政権の場合、基本的には国民政府の国定記念日構成を踏襲《とうしゅう》していたが、新たに国民政府還都と和平反共建国運動の二つの記念日を設けた。また四四年には一三番目の祝日として中華民国復興節を新設している。当初は華北政務委員会との統一がとれず、両者は記念日を共有できず、また式典そのものも全体的に盛り上がりに欠ける小規模なものであった（『近代中国と日本』）。

表2　汪兆銘政権の国定記念日

		41	42	43	44
1月1日	中華民国成立	◎	◎	◎	◎
3月12日	総理逝去記念日*	◎	◎	◎	◎
3月29日	革命先烈記念日	◎	◎	○	○
▽3月30日	国民政府還都	○	○	◎	◎
×5月5日	革命政府記念日	○	○	—	—
×7月9日	国民革命軍誓師	○	○	—	—
▽8月1日	中華民国復興節	—	—	—	◎
8月27日	孔子生誕記念日	◎	◎	◎	◎
▽9月1日	和平反共建国運動諸先烈殉国記念日	◎	◎	○	○
10月10日	国慶記念日	◎	◎	◎	◎
11月12日	総理生誕記念日*	◎	◎	◎	◎
×12月25日	雲南起義記念日	○	○	○	○

(注) ◎：休日，記念集会　○：記念集会のみ　—：該当なし.
▽：汪兆銘政権独自の記念日.
×：華北政務委員会の法定祝日に取り入れられなかったもの.
＊「総理」の呼称は，41年5月に「国父」に改定.

(出典) 曽田三郎編『近代中国と日本』.

敗戦と漢奸裁判

汪兆銘の死

汪兆銘は一九四四年一一月一〇日、名古屋帝国大学付属病院で「多発性骨髄腫」のため死去した。享年六一歳。ことの発端は汪兆銘の妻・陳璧君に胃がんの疑いがあるということで、一九四三年一一月、黒川利雄東北帝国大学教授ら日本の医師団が南京を訪問したことにはじまる。陳璧君には異常が見られなかったが、汪兆銘の方には糖尿病が見られ、三五年一一月にテロにあった時に残っている銃弾がもとで肋間神経痛に悩んでいることが判明した（『野火と春風』）。銃弾の摘出手術は、医師団帰国三週間後のその年の暮れに南京陸軍病院で受けたが、いっこうに痛みは消えなかった。四四年三

図22　名古屋大学大幸医療センターの裏庭に咲く汪兆銘記念の梅

汪兆銘の死後，妻の陳璧君から贈られた記念の梅の木は，当初は名古屋大学病院の中庭に植えられた．しかし名古屋大学病院の新棟建設工事に伴い，現在の場所に移植された．中央の立て札には，多発性骨髄腫で亡くなった汪兆銘の遺族から梅が寄贈された旨が記されている．梅は３本寄贈されたが，１本は枯れ現在２本だけ残っている．

汪兆銘が名古屋帝国大学病院に入院したのが1944年３月３日．死亡したのが同年11月10日．８ヶ月余の闘病生活だった．病院には，汪兆銘の家族，通訳，料理人，秘書など総勢30名以上が詰めていた．日本本土空襲に備えた防空壕づくりが名古屋帝国大学の付属病院周辺でも開始された．天皇の使いや東条英機をはじめとする政府要人が見舞いに訪れたという．

月、黒川らは再び南京に呼ばれる。黒川とともに南京に呼ばれた名古屋帝国大学教授の斎藤真は、脊椎《せきつい》カリエスとそれによる圧迫性脊髄麻痺と診断し、必要な手術を行なうことを主張し（『名倉重雄伝』）、その手配を進めた。三月三日、汪兆銘ら一行と黒川、斎藤を乗せた飛行機は南京をあとに日本へと向かったのである。

舞台は名古屋帝国大学付属病院。「梅号」という極秘名で汪兆銘を迎える準備が進められた。強力な医師団、大学管理陣、軍、県庁がこれを支援するために組織された。特高も「梅号警備」という極秘名で警戒体制を組んだ（『梅号警備の回想』、『秘録　戦中戦後の証言』）。三月四日、斎藤真教授執刀により手術が行なわれた（『戦前派病院長の回顧録』）。しかしその後の検査で、骨髄腫《こつずいしゅ》であることが判明し、新たな医師団を加えた加療が必要となった。その間、奇病ということで、これまでに治療の実績が乏しいことから、医師団の戸惑いとともに治療の方針をめぐり厳しい対立も起きたという（『名倉重雄伝』）。

加えて当時は時折米軍の空襲もあり、そのつど重病の汪兆銘を防空壕に退避させねばならなかった。また物資不足の折から、食料調達や医療具の調達などで裏方が想像以上の苦労をしたという。しかしそうした努力のかいもむなしく汪兆銘は四四年一一月一〇日午後四時二一分、名古屋帝国大学付属病院特別病棟で息を引き取った。遺体は一一日汪兆銘夫人の陳璧君や付き添いの一行に囲まれ、小磯国昭《こいそくにあき》首相や東条英機前首相、近衛文麿元首相らに見守られて、小牧《こまき》飛行場から空路中国へと向かった（『汪兆銘名古屋に死す』）。「国葬」の動きもなかったわけではないが、陳璧君はそれに反対したため国民葬に変わり、一一月二三日に実施された。霊柩車《れいきゅうしゃ》は護衛兵に守られ汪政権の要人や遺族を従えて梅花山に到着、六四人の担夫に担がれて山麓《さんろく》の墓地へ運ばれ、梅花山に霊廟《れいびょう》が建てられた。汪兆銘のポジションを継承したのは陳公博で一一月二〇日正式に代理主席となった（『同生共死の実体』）。

敗戦と亡命者

日本が敗戦した翌日の一九四五年八月一六日に南京汪政権は、臨時会議を開催して解散宣言を発した。八月二七日に重慶から蔣介石国民政府の先遣隊が南京に到着し、九月九日に南京で中国戦区日本軍の降伏調印式が行なわれた。以降、国民党軍統局長の戴笠《たいりゅう》の指揮下で漢奸《かんかん》狩りが開始されるのである。周仏海、丁黙邨、羅君強らの主だった南京汪政権の幹部が逮捕され、一〇月三日には周仏海、梅思平らが上海から重慶へと送られた。汪兆銘の後を継いで主席に就任した陳公博は、夫人と莫国康《ばくこくこう》秘書、何炳賢軍事委員会経理総監、周隆庠行政院秘書長、陳君慧実業部長、林柏生安徽省長をともなって敗戦後の八月二五日に空路米子に到着、日本へ亡命し京都に身を潜めた。敗戦直後に亡命した陳公博らの意図がどのへんにあったのかは定かではない。しかし日本の敗戦を前後して国共内戦は激しさを増しはじめていた。一時身を潜めて状況を静観し、蒋介石国民党側に売り込むチャンスを覗《うかが》っていたのではないだろうか。しかし中国側の要請で陳公博らは一〇月三日に中国へ帰国、裁判を受けることとなる（『日中終戦史話』）。

漢奸裁判

日本軍に協力した中国人を裁く「処理漢奸条例」が立法院で承認されたのが一九四五年一〇月二七日で、「処理漢奸案件条例」が公布されたのが一一月二三日のことであった。修正「懲治漢奸条例」が公布されたのが一二月六日であった。「処理漢奸案件条例」によれば、漢奸とは政治、経済、文化の諸側面で日本軍に協力したものをさし、応分の裁きを受けるが、その間抗日勢力に有利に活動したり協力したことが実証されれば減刑されるとしていた。また修正「懲治漢奸条例」によれば漢奸として利敵行為を行なった者は、死刑もしくは無期懲役に処するとしていた。

漢奸裁判は一九四六年四月上旬より南京、江蘇、上海、河北、天津、済南、厦門などの

図23－1　漢奸裁判

周仏海に関しては，死刑判決を受けたにもかかわらず，日本占領地での治安を維持した功績により，無期懲役に減じられた．たしかに『周仏海日記』を読んでいると，1943年以降の周仏海の行動には，明らかに重慶政府との連繋を感じさせる記述が多く見られはじめる．その意味では，周は多彩な人脈を活用して日中戦争の帰趨に大きな影響を及ぼしたといっても過言ではないだろう．しかしその彼も48年には老虎橋監獄で病死する．

彼は，死に際に「多くの人々に相すまない．私はやはり死ぬべきだ」と一言漏らしたといわれている（益井康一『漢奸裁判史』より）．

図23―2　漢奸裁判

陳璧君は1949年人民解放軍が上海を解放後も引き続き獄中にあった．当時は心臓病を患っていたといわれている．新生の人民政府は彼女に中国革命後の最新の情報を提供して，情勢を理解させ，人民政府に投降することを働きかけた．また彼女の病気の治療を行なった．当初は敵対意識を持っていた陳璧君も時間の経過とともに軟化し，1955年７月の自白書では人民政府への心服を表現しはじめていたという．その後他の政治犯とともに思想改造のため蘇北の労働改造農場行きを申し出たが，高齢と体力の衰えに加えて心臓病のため許可されなかった．1959年６月上海監獄病院で死亡した（59年３月という説もある）．汪兆銘との間に２男３女をもうけたが，当時４人は香港，１人は外国に居住し，上海には誰もいなかった．そのうちの１人の親戚が遺体を引き取り火葬にしたという（陳瑞雲『蔣介石和汪精衛』より）．

高等法院ではじまった。汪政権関係者への判決はいずれも厳しいものだった。

死　刑―陳公博、褚民誼、梅思平、林柏生、丁默邨

無期懲役―周仏海、温宗堯、江亢虎《こうこうこ》、陳璧君、陳春圃《ちんしゅんぽ》、羅君強、蔡培《さいばい》、楊惺華

懲役一五年―李聖五、袁愈佺《えんゆせん》

懲役一四年―鄧祖禹《とうそう》

懲役八年―伍澄宇《ごちょうう》

汪政権メンバーのなかには刑量が変わったものもいる。典型的なのが周仏海。死刑判決を受けたが、蔣介石側近の陳果夫《ちんかふ》、陳立夫《ちんりっぷ》の減刑嘆願書が出て、彼は無期懲役に変わった。『周仏海日記』をみる限り、敗戦前後の彼の行動は、明らかに蔣介石の戦後処理に協力していたと言わざるをえない。しかしその彼も四八年二月に南京老虎橋《ろうこきょう》監獄で病死している。糧食委員会秘書長だった袁愈佺も無期懲役から懲役一五年に変わった。彼の本業の経済活動では評価されなかったが重慶系の地下工作員を獄中から救済したことが評価されたからだ。鄧祖禹は首都警察庁長時代重慶側に若干の功あり、という点で一年減刑された。法制委員会委員長の伍澄宇は四年減刑されて懲役八年となった。理由はこれも重慶側に寄

与したためであった。南京市長だった蔡培は死刑から無期懲役となった。理由は国父孫文の陵墓を日本軍から守ったことが評価された。政府関係者で自決した者もいる。考試院長の陳群はその一人だ。彼は己の立場に誤り無し、蔣介石と相入れずと四五年八月自決の道を選ぶ。

軍関係者は軍事法廷で裁かれたが、軍令部長の胡毓坤《こいくこん》、海軍部長の凌霄《りようしよう》、湖北省主席の楊揆一《ようきいつ》は銃殺刑、華北政務委員会治安署督弁の斎燮元《さいしようげん》は処刑、軍政部長の鮑文樾は死刑、陸軍部長だった葉蓬《ようほう》は銃殺刑であった。処刑場所は本書冒頭で紹介した南京雨花台。敗戦直前の一九四五年三月から敗戦後の四六年一二月まで混乱の上海で過ごした堀田善衛《ほったよしえ》は、五七年、中国政府に招待され南京を訪れている。南京駅で売っていた当地名物雨花石を見て仲間の文人たちが競ってお土産に買うのを見て「厭なものを売っているな」と思ったという。雨花台は刑場で、烈臣、逆臣、漢奸、戦犯を斬首、銃殺する場所として有名で、汪政権の要人も多くはここで処刑された。

このほか上海の金融界のリーダーで全国商業統制総会の袁履登《えんりとう》は懲役七年、綿花統制委員会の林康侯《りんこうこう》は六年、米糧統制委員会の聞蘭亭《ぶんらんてい》は五年の判決を受けた。袁履登はセントヨハネス大卒で上海で大企業を経営する実業家。林康侯は上海出身の秀才、上海銀行公会秘書長を務め、聞蘭亭から請われて綿花統制委員会入りをした。いずれも〝三老〟と称された上海実業界の重鎮たちだった。

汪政権の主要な面々は、いずれもよくて無期懲役、多くは死刑判決を受けて刑場の露と消えた。

日中戦争と汪兆銘——エピローグ

財政面にみる汪政権の崩壊

汪兆銘政権の末期を象徴する出来事が通貨乱発とインフレだったことは前述した（一〇八ページ）。これを財政面から見てみるとそのすさまじい膨張ぶりのなかにその一端を垣間見ることができる。汪政権の財政状況は中国第二歴史档案館編『汪偽中央委員会暨《および》最高国防会議議事録』を操っていくと予算案を通じてある程度全体の流れが浮き上がってくる。

汪兆銘政権は出発当初の一九四〇年四月から六月までは毎月ごとに予算案を作成していた。しかし四〇年下半期の七月からは半年を一期として予算概算書を作成する、しかも情

表3　汪兆銘政権予算案　（単位：万元）

年・期	実額	指数
1940年下半期（7～9月）	6,000	—
（10～12月）	6.476（計12,476）	100
1941年上半期（1～6月）	15,620	125
1941年下半期（7～12月）	22,062	177
1942年上半期（1～6月）	27,456	220
1942年下半期（7～12月）	29,620	237
1943年上半期（1～6月）	54,360	436
1943年下半期（7～12月）	83,418	669
1944年上半期（1～6月）	194,099	1556
1944年下半期（7～12月）	545,618	4373
1945年上半期（1～6月）	2,113,380	16940
1945年下半期（7～12月）	39,757,353	318671

出典『汪偽中央委員会暨最高国防会議会議録』

勢が変化するので三ヶ月ごとに予算案を作成するという方針に変っていった。各期の予算案を表示すれば次のとおりである（表3参照）。

一九四〇年下半期三ヶ月は六〇〇〇万元でスタートしている。月に換算すれば約二〇〇〇万元である。四〇年三月に実施した還都式典に使われた費用が最初二〇〇万元、その後三〇六万元に増加したという。いずれにしても還都式典だけで月の予算の一五%が消費されたことになる。

それが下半期後半の三ヶ月は六四七六万元と四七六万元増、月になおして約一六〇万元の増加である。四一年上半期が一億五六二〇万元、下半期が二億二〇六二万元と一挙に三ヶ月で六四四二万元、月になおすと二一四七万元増となる。以降年を重ねるごとに着実に増加している。四二年の増加の理由を見てみると軍事予備費、清郷経費、物資統制設備費に多くが支出されたというし（同上書、一〇）、下半期をみれば増加の原因は軍務費、特に和平地区の拡大と帰順兵の増加にともなう賃金支給、行政費用の拡大が大きな原因だと記している（同上、一三）。しかし記録的に増加を開始するのは四四年の後半から四五年の前半にかけてである。四四年の下半期には、同年上半期の一九億四〇九九億元から一挙に五四億五六一八万元と二・八倍に跳ね上がり四五年上半期には二一一億三三八〇万元と四四年上半期の一〇・八倍にまで上昇するのである。この間の上昇の原因は、軍務費、治安行政機関の人件費の増加分、公務員の賃金上昇分をあげていた。各時期に共通しているのは、軍事費や治安維持費の増加分であり、これが汪兆銘政権の財政に重くのしかかっていたことが明らかになる。そしてこの増加による通貨発行増、インフレの進行が再び治安の悪化を呼ぶという悪循環は四三年後半から生まれ、それが四四年、四五年にかけて顕著になってきたことがわかるのである。

また『汪偽中央委員会暨最高国防会議議事録』には一九四一年に限り中央政府からなかば独立していた華北政務委員会の予算表が掲示されている（同上、四）。これによれば年間支出額は二億一四〇〇万元、主な支出項目は治安費用が四九二六万元、建設費用が三八二五万元となっている。同年度の汪兆銘政権の中央政府予算が三億七六八二万元だから、華北政務委員会の予算規模は本体の五七％と約半分強ということになる。しかし支出項目をみると汪兆銘政権本体同様治安費用がトップで、これに粛清工作費一九〇〇万元を加えると治安関係は六八二六万元となり、総予算額の三二％を占めるのである。もっともこの予算案をみると中央政府より五〇〇〇万元補助とあるから、毎年一定額の補助を汪兆銘政権から受けていたことがわかる。いずれにせよ一九四五年上半期の汪兆銘政権の予算規模は、スタートした一九四〇年下半期の頃と比べると三一八七倍にまで水ぶくれしていたのである。もはや打つべき手は失っていた。

日本の敗戦と汪兆銘

日中戦争は、日中両国の民衆を不幸のドン底のなかに落とし込んでいった。中国は戦場として日本軍の破壊の対象となり、中国民衆はその犠牲者として大きな被害をうけた。日本においてもこの戦争に動員されたのは民衆であり、彼らはすべての生活を戦争遂行の歯車の回転に供することを義務づけられた。そして日本はこの戦争に敗北することで、明治以降維持してきた東アジアでの覇者としての地位を降りることとなったのである。

こうした運命の転換点となった日中戦争にアジアの協調を謳い文句に日本側の陣営に立ち、日本占領地の運営に協力した集団が汪兆銘をリーダーとする面々だった。思想的には多様なグループから構成されていたが、反共・反蒋であったことは疑いない。しかし即、親日であったかといえば、必ずしもそうではない。たしかに日本留学組が多かったことは事実だが、さりとて彼らがすべて親日であったとはいえない。リーダーの汪兆銘自身が、日本留学の知日派であったかもしれないが、親日派であったとはいえない。

汪が重慶を脱出する段階で描いていた和平の構想は、日本軍と協力して和平運動を展開し、蒋介石に翻意をうながすことだった。しかし、ひとたび重慶を脱出し日本占領地に居を構えた後で彼に残された選択肢は、日本軍に協力して占領地行政の片棒を担ぐことだった。そこで汪集団は日本側と粘り強い交渉を展開してはいるが、軍事・財政・外交権を日本側に握られ、かつ多数の日本人顧問が政権内に入り込んでいる状況では、彼らが独自に動く余地は著しく少なかったといえよう。

むしろ重慶を脱出しハノイにいた時に汪が取り得る選択肢の幅の方が、それ以降よりはるかに大きかったといえよう。この段階では、かつて彼がしばしば行なってきた手段としての欧州脱出と中国状況の静観、時機を見ての帰還という可能性はないわけでなかった。しかし枢軸《すうじく》対反枢軸の対立が時の経過とともに鮮明となり、両者の抗争が戦争をともないはじめた当時の世界情勢、とりわけヨーロッパ情勢のなかでは、欧州脱出とそこでの静観の可能性は著しく狭かったといわざるをえない。しかも蔣介石の放つ暗殺者の影が濃くなるにつれ、彼はしだいに前途の選択肢を狭めるなかで、漢奸《かんかん》と呼ばれる深みへと入り込んでいったのである。

敗戦前に病死した汪と比べると、周仏海《しゅうふつかい》は、日本の敗戦色が濃厚となるなかでそれ以前と異なる動きを見せはじめる。重慶の蔣介石と連携し、日本敗北後の国共内戦を予測し、占領地行政の成果を無傷でそっくり蔣介石に譲渡し、それを手土産《てみやげ》に戦後への生き残りを賭《か》ける動きである。漢奸の度合いをできる限り薄める動きだといえよう。陳公博《ちんこうはく》の日本亡命の動きも、周ほどの用意周到性はないにしても、戦後状況の推移を見るという点では同じだったといえよう。戦前枢軸側に荷担した罪を戦後の東西冷戦の激化のなかで西側陣営に身を寄せることで免罪符を得ようとする動きは、洋の東西を問わずグローバルな規模で展開された。日本でも戦犯と呼ばれる人々の生き残りの希望は、東西対立のなかでアメリカに自己の価値を高く売りつけることだった。中国の場合には、日中戦争とはいっても、日本が占領したのはごく表面だけで、占領地と称したものの、それは中国人社会という大海の上に浮かぶ小島にすぎなかった。したがって日本敗戦濃厚ななかでは程度の差こそあれ、周仏海のような動きはいたるところで見られたのである。けじめとしての漢奸裁判が必要な所以《ゆえん》であろう。

だが一人汪兆銘だけはこうした動きから無縁であった。なぜなら彼は生きて戦後を迎えることができず、一九四四年一一月に死亡したからである。歴史において仮にという表現が許されないとしても、もし彼が生き延びても漢奸のそしりは免れなかったであろう。戦時中の行動に加え、戦後の国共内戦のなかで彼は蔣介石にとって有用かつ欠かせざる人物ではなかったからだ。その意味では彼は戦前・戦中の、換言すれば日中戦争期の汪集団の評価をもっとも端的に表現していた人物であるといってよいだろう。

あとがき

私が汪兆銘研究をはじめたのは今から八年前の一九九六年のことである。三〇年前から続けている日中戦争研究をひとまずまとめて一冊の本にしたいというのが、最初の動機だった。当初旧稿を整理して一冊の本にする予定だったが、やっている途中でそれは無理だということがわかった。この間あまりに多くの研究が出されており、それを読んでまとめるというのは不可能だと感じたからである。さらに問題だったのは、この間中国側の研究が急速に進んだこと、そうした中国側の研究の検討と吸収なくしては、たとえ加筆修正をいくら加えて出版しても、たしかに業績にはなるだろうが所詮は自己満足に終わるだろうと考えたからである。

新書執筆作業のためにはまず中国語の学習が第一だった。幸い九七年から移った新職場の早稲田大学アジア太平洋研究センターは、こうした語学の勉強には最適な場所だった。なぜなら中国人留学生が多数いたからである。彼等を先生に五〇の手習いをはじめたのは九八年からであった。もっともそれだけでは充分ではなかったので、学生時代からの畏友林道生氏と相談し文献の講読や翻訳の指導をお願いし、さらに共同研究の相棒となってもらったわけである。二人の共著でこのたび五年ぶりの共同研究の成果が御茶の水書房から上梓される。本書は、それを踏まえ私なりの観点で全体の流れを素描したいという思惑から林氏の諒解を得て一冊の小冊子にしたわけである。御茶の水書房の共同著作に収録できなかった文献も若干加味して私なりに書き下ろした。それを林氏に読んでもらい、そのコメントを受けてさらに加筆修正を行ない、全体を完成させた。またこの作業過程で早稲田大学の同僚で文部科学省の早大ＣＯＥプロジェクト（拠点リーダー政経学部教授、毛里和子）メンバーの一人でもある劉傑氏にもご一読願い加筆修正を加えた。

この本の完成をもって私は日中戦争研究に一区切りをつけたいと考えている。二一世紀に入り日中関係で研究したい課題が山積している現在、二〇世紀の宿題はできる限り早く終わらせたいのだ。こうした経緯で作成された本書がどれだけこれまでの研究に新たな寄与をするのかは、正直言ってよくわからない。読者諸氏の厳しい批判を待つ以外に方法はない。

最後に本書作成に終始貴重なアドバイスをいただいた吉川弘文館編集部の永滝稔、永田伸の両氏にお礼を申し上げたい。

二〇〇三年三月

小林英夫

参考文献

＊本文中に一部を引用、または引用に準ずるかたちで文献名をあげたものを掲げた。ただし、雑誌論文については省略した。
＊本文中には掲げないが、本書を書く上で参照、依拠したものも掲げた。
＊日文、中文、英文に分け、あいうえお・ABC順に並べた。文学書、記録類は割愛した。
＊本書の引用は読者の便を考え、適宜片かなを平かなに、旧漢字を常用漢字に変え、句読点を補った。

〔日　文〕

相羽鈢『梅号警備の回想』総合編集センター、一九八三年
安藤徳器編訳『汪精衛自叙伝』大日本雄弁会講談社、一九四一年
池田誠編『抗日戦争と中国民衆』法律文化社、一九八七年
石島紀之『中国抗日戦争史』青木書店、一九八四年
石浜知行『清郷地区』中央公論社、一九四四年
伊東憲『汪兆銘を語る』東悪振興会、一九四〇年
今井武夫『支那事変の回想』みすず書房、一九六四年
臼井勝美『日中外交史研究』吉川弘文館、一九九八年
内田知行『抗日戦争と民衆運動』創土社、二〇〇二年
宇野重昭編『深まる侵略　屈折する抵抗』研文出版、二〇〇一年

江口圭一『十五年戦争小史』青木書店、一九八八年
汪精衛（日本青年外交協会研究部訳）『中国の諸問題と其解決』日本青年外交協会出版部、一九三九年
汪精衛（黒根祥作訳）『日本と携へて』朝日新聞社、一九四一年
汪兆銘（河上純一訳）『汪兆銘全集』第一巻、東亜公論社、一九三九年
汪兆銘述（中山樵夫訳）『汪兆銘言論集　日華両文』三省堂、一九三九年
汪兆銘（外交問題研究会訳）『汪主席聲明集』日本国際協会、一九四一年
大川幸之助編『華北建設年史』東亜新報社、一九四四年
太田元次『戦前派病院長の回顧録』講談社、一九七九年
小野稔『汪兆銘名古屋に死す』東京ジャーナルセンター、一九九八年
甲斐静馬『上海通信』月曜書房、一九四六年
上坂冬子『我は苦難の道を行く』上下、講談社、一九九九年
金雄白（池田篤紀訳）『同生共死の実体』時事通信社、一九六〇年
草野心平『運命の人』新潮社、一九五五年
小林英夫『「大東亜共栄圏」の形成と崩壊』御茶の水書房、一九七五年
蔡徳金編（村田忠禧ほか訳）『周仏海日記』みすず書房、一九九二年
佐藤忠男・刈間文俊『上海キネマレポート』凱風社、一九八五年
佐藤忠男『キネマと砲聲』リブロポート、一九八五年
沢田謙『汪兆銘叙伝』東京春秋社、一九三九年

柴田善雅『占領地通貨金融政策の展開』日本経済評論社、一九九九年
清水晶『上海租界映画私史』新潮社、一九九五年
上海市政研究会編『上海の文化』華中鉄道、一九四四年
杉村広蔵編『上海要覧』上海日本商工会議所、一九三九年
杉森久英『人われを漢奸と呼ぶ』文藝春秋、一九九八年
青年書房編『汪兆銘を語る』青年書房、一九三九年
総合編集センター『秘録　戦中戦後の証言』昭和会出版部、一九八四年
曽支農『汪政権による「倫陥区」社会、秩序の再建過程に関する研究』(東京大学「文学博士」学位論文)
曽田三郎編『近代中国と日本』御茶の水書房、二〇〇一年
高倉正三『蘇州日記』弘文堂書房、一九四三年
武田泰淳『武田泰淳全集』第一八巻、筑摩書房、一九七九年
田中香苗・村上剛『汪汪兆銘と新支那』日本青年外交協会、一九四〇年
辻久一『中華電影史話』凱風社、一九九八年
土屋光芳『汪精衛と民主化の企て』人間の科学新社、二〇〇〇年
東亜産業協会編『上海を中心とせる支那の阿片問題』東亜産業協会、一九三四年
戸部良一『ピース・フィーラー』論創社、一九九一年
豊田正子『私の支那紀行』文体社、一九四三年

中谷孝雄『滬抗日記』砂子屋書房、一九三九年
中保與作『汪兆銘と新中央政府』宮越太陽堂書房、一九三九年
中村政則・高村直助・小林英夫『戦時華中の物資動員と軍票』多賀出版、一九九四年
名古屋大学医学部整形外科学教室同門会編『名倉重雄伝』名古屋大学医学部整形外科学教室同門会、一九九〇年
西義顕『悲劇の証人』文献社、一九六二年
人間・影佐禎昭出版世話人会編『人間　影佐禎昭』人間・影佐禎昭出版世話人会、一九八〇年
秦郁彦『盧溝橋事件の研究』東京大学出版会、一九九六年
晴気慶胤『謀略の上海』亜東書房、一九五一年
〃　『上海テロ工作七十六号』毎日新聞社、一九八〇年
古屋哲夫編『日中戦争史研究』吉川弘文館、一九八四年
堀田善衛『堀田善衛全集』二巻・一二巻、筑摩書房、一九七四年
益井康一『裁かれる汪政権』植村出版、一九四八年
〃　『漢奸裁判史』みすず書房、一九七七年
松崎啓次『上海人文記』高山書院、一九四一年
松永藤雄『野火と春風』(私家本)一九八八年
松山悦三『人間汪兆銘』東京人生社、一九四〇年
森田正夫『汪兆銘』興亜文化協会、一九三九年

安井三吉『盧溝橋事件』研文出版、一九九三年
山口猛『上海キネマと銀座カレイライス物語』集英社、二〇〇〇年
山口淑子・藤原作弥『李香蘭　私の半生』新潮社、一九九〇年
山田辰雄『中国国民党左派の研究』慶応通信、一九八〇年
山中徳雄『和平は売国か』不二出版、一九九〇年
山中峯太郎『新中国の大指導者』潮文閣、一九四二年
雷鳴『汪精衛先生伝』上海書店、一九八九年再版
劉傑『日中戦争下の外交』吉川弘文館、一九九五年
劉傑『漢奸裁判』中公新書、二〇〇〇年
遼寧省檔案館編（小林英夫解題）『満鉄と盧溝橋事件』全三巻　柏書房、一九九七年

〔中　文〕

王雲高『汪精衛叛国前後』中華華僑出版社、一九九一年
王克文『汪精衛・国民党・南京政権』国史館、二〇〇一年
汪偽政権資料選編『汪偽国民政府成立』上海人民出版社、一九八四年
汪偽政権資料選編『汪精衛国民政府〝清郷〟運動』上海人民出版社、一九八五年
汪偽政権資料選編『汪精衛集回投敵』上海人民出版社、一九八四年
許育銘『汪精衛與国民政府』国史館、一九九九年
黄美真・張雲編『汪精衛集団投敵』上海人民出版社、一九八四年

黄美真・張雲『汪精衛集団叛国投敵記』河南人民出版社、一九八七年
黄美真編『偽廷幽影録』中国文史出版社、一九九一年
胡華主編『中国革命史講義』中国人民大学出版社、一九六二年
蔡徳金・王昇編『汪精衛生平紀事』中国文化出版社、一九九三年
蔡徳金『汪偽二号人物陳公博』河南人民出版社、一九九三年
蔡徳金『朝泰暮楚的周仏海』河南人民出版社、一九九二年
蔡徳金編注『周仏海日記』中国社会科学出版社、一九八六年
蔡徳金『歴史的怪胎・汪精衛国民政府』一九九三年
周蕊秀・涂明『中国近現代文化期刊史』山西教育出版社、一九九九年
秦孝儀主編『中華民国重要資料初編―対日抗戦時期第六編傀儡組織』㈠～㈣中国国民党中央委員会党史委員会 台北 一九八一年
秦亢宗『頭号漢奸汪精衛』上下、国際文化出版公司、一九九八年
石源華『陳公博全伝』台北稲郷出版社、一九九九年
張異賓『百年南大』南京大学出版社、二〇〇二年
張洪祥主編『近代日本在中国的植民統治』天津人民出版社、一九九六年
張勁編著『審訊汪偽十漢奸』江蘇古籍出版社、一九九八年
陳瑞雲『蔣介石和汪精衛』吉林文史出版社、一九九四年
陳鵬仁訳著『汪精衛降日秘檔』聯徑出版事業公司、一九九九年

陳木杉『従函電史料観抗戦時期汪精衛集団治粤梗概』台湾学生書局、一九九六年
陳木杉『従函電史料観汪精衛檔案中的史事與人物新探　（一）』台湾学生書局、一九九七年
南京市檔案館編『審訊汪偽漢奸筆録』上下、江蘇古籍出版社、一九九二年
南京大学馬列主義教研室汪精衛問題研究組選編『汪精衛集団売国投敵批判資料選編』一九八一年
日本帝国主義侵華檔案史料選編『日汪的清郷』中華書局、一九九五年
費正・李作民・張家麒『抗戦時期的偽政権』河南人民出版社、一九九三年
復旦大学歴史系中国現代史研究会編『汪精衛漢奸政権的興亡―汪偽政権研究史論集』復旦大学出版社、一九八七年
聞少華『周仏海評伝』武漢出版社、一九九〇年
李理・夏潮『汪精衛評伝』武漢出版社、一九八八年
林美莉『抗戦時期的貨幣戦争』国立台湾師範大学歴史研究所、一九九六年

［英　文］

David P. Barrett and Larry N. Shyu edt., *Chinese Collaboration with Japan 1932-1945*, Stanford, California, Stantord University Press, 2001
Gerald E. Bunker, *The Peace Conspiracy: Wang Ching-wei and the China War, 1937-1941*, Cambridge, Massachusetts: Harvard University Press, 1972
John Hunter Boyle, *China and Japan at War The Politics of Collaboration*, Stanford, California, Stanford University Press, 1972

著者紹介

一九四三年、東京都に生まれる
一九七一年、東京都立大学大学院博士課程単位取得退学
一九七八年、文学博士（東京都立大学）
現在、早稲田大学アジア太平洋研究センター教授

主要著書
日本軍政下のアジア　「日本株式会社」を創った男　宮崎正義の生涯　満鉄　近代日本と満鉄〈編〉

歴史文化ライブラリー
158

日中戦争と汪兆銘

二〇〇三年（平成十五）七月一日　第一刷発行

著　者　小《こ》林《ばやし》英《ひで》夫《お》

発行者　林　英男

発行所　株式会社　吉川弘文館
東京都文京区本郷七丁目二番八号
郵便番号一一三―〇〇三三
電話〇三―三八一三―九一五一〈代表〉
振替口座〇〇一〇〇―五―二四四
印刷＝平文社　製本＝ナショナル製本
装幀＝山崎　登

歴史文化ライブラリー

1996.10

刊行のことば

現今の日本および国際社会は、さまざまな面で大変動の時代を迎えておりますが、近づきつつある二十一世紀は人類史の到達点として、物質的な繁栄のみならず文化や自然・社会環境を謳歌できる平和な社会でなければなりません。しかしながら高度成長・技術革新にともなう急激な変貌は「自己本位な刹那主義」の風潮を生みだし、先人が築いてきた歴史や文化に学ぶ余裕もなく、いまだ明るい人類の将来が展望できていないようにも見えます。このような状況を踏まえ、よりよい二十一世紀社会を築くために、人類誕生から現在に至る「人類の遺産・教訓」としてのあらゆる分野の歴史と文化を「歴史文化ライブラリー」として刊行することといたしました。

小社は、安政四年(一八五七)の創業以来、一貫して歴史学を中心とした専門出版社として書籍を刊行しつづけてまいりました。その経験を生かし、学問成果にもとづいた本叢書を刊行し社会的要請に応えて行きたいと考えております。

現代は、マスメディアが発達した高度情報化社会といわれますが、私どもはあくまでも活字を主体とした出版こそ、ものの本質を考える基礎と信じ、本叢書をとおして社会に訴えてまいりたいと思います。これから生まれでる一冊一冊が、それぞれの読者を知的冒険の旅へと誘い、希望に満ちた人類の未来を構築する糧となれば幸いです。

吉川弘文館

〈オンデマンド版〉
日中戦争と汪兆銘

歴史文化ライブラリー
158

2019年（令和元）9月1日　発行

著　者　小《こ》林《ばやし》英《ひで》夫《お》
発行者　吉川道郎
発行所　株式会社　吉川弘文館
〒113-0033　東京都文京区本郷7丁目2番8号
TEL　03-3813-9151〈代表〉
URL　http://www.yoshikawa-k.co.jp/

印刷・製本　大日本印刷株式会社
装　幀　清水良洋・宮崎萌美

小林英夫（1943〜）

ISBN978-4-642-75558-0